仏《ほと》にゃんの ふわもこやさしい仏教の教え

著
Jam

監修
曹洞宗徳雄山建功寺住職
枡野俊明

笠間書院

プロローグ

毎日上司のご機嫌取ったりマウント取られて馬鹿にされたり…
イライラ
モヤモヤ
出世したら覚えてろよ…愚痴も吐きたくなるっつーの…
おにーさんこころ荒れてる？
ひょこっ
うおっ！
ビクッ
誰っ!?
ま、まぁ…大人は色々あるからな…
じゃあさ〜
ハッ
子猫に挟まれた！
ぼくたちと仏にゃん様のとこに行って勉強しない？
仏にゃん様の話でこころが楽になるよ〜
ぶっきょーのお話をしてくれるのー
ニャン
ニャン
え…？
もしかして子猫を使った宗教の勧誘…？

大丈夫です安心なさい
あ!!
怪しい者ではありません
仏にゃんさまー
すごく怪しいの来た…
突然仏教と言われてもピンとこないでしょうが…
あなたはすでに毎日仏教語を使ってますよ…
えっ!?
さっきも四つ使っていましたよ
毎日上司のご機嫌取ったりマウント取られて馬鹿にされたり…
イラ イラ モヤ モヤ
出世したら覚えてろよ…
愚痴も吐き
なるっつ
うんうん
ねー
これ仏教語なの?
葬祭や行事でお寺に行ったりすることはありませんか?
宝くじに当たって…
ゴーーン…
彼女ができますように…
わー
うわー
初詣の…!!
プライバシー暴かないで!!

おわかり頂けただろうか…？
わかりました…
ハァハァ…
ゼーゼー
わかりましたけど…
仏教とか話を聞いて心が楽になると言われても…
そもそも
無宗教だし…
仕事があるし金もないから出家とかお布施とか無理ですよ…
仏教は本来宗教ではなくお釈迦《しゃか》様の教えなのですが…
話すと長いのでこの本の趣旨を三行でお伝えしましょう…
三行？この本!?
まずは仏教語や有名な話だけでも聞いてみない？
やろ〜
学ぼう〜
何で心に語りかけてきた…
仏にゃん様普通に喋れるんですね

仏教の有名な話ってなんだろう…？
そうですね例えば…
天上天下《てんじょうてんげ》唯我独尊《ゆいがどくそん》という言葉をご存じでしょうか？
あ～…よくヤンキー漫画で服に刺繍されているやつね…
天上天下唯我独尊
初代総長
あれはお釈迦様が生まれてすぐにおっしゃられた言葉なのです
七歩歩いて立ち止まり…右手で天を左手で地を指してこう言いました…
タタタタタ…
ビッ
天上天下唯我独尊
生まれた直後に小鹿より歩くじゃないですか…
そんな超人じゃ俺が一番偉いとイキっちゃうのもしゃあないか…
この世に自分より尊い奴はいないぜ!!
誤った解釈のお手本のような回答ありがとうございます

まずは「天上天下」これは…天の上にも天の下にもという意味です
高みを目指す自分自身と(天)迷える人達の(地)両方を指さしてます
天
地
「唯我」ですが「我」とは仏教では「我々」で「ひとり」は「ひとりひとり」です
ちなみに「我」は「我々人間だけが」でもあります…
犬や猫や他の生き物じゃなく人に生まれたことには意味がある…
仏にゃんは猫でもわかるように猫の姿をとって話しているだけです
偶像崇拝とか言われないようツッコミ対策大事だよな
そして「独尊」…「たったひとつの尊い目的」であり「尊さ」です…
尊い…
そんっ
とーといっ
三行でまとめると？
そろそろ覚えられない…
三行は無理なので一コマ下さい
我々人間だけが目指すことのできるたったひとつの尊い目的がある…
人間っていいニャー
ニャー
この世界のひとりひとりが平等で代わりのない尊い存在…ですかね

俺こそが最強みたいな意味じゃないんだ…
ぶっちゃけ族ってより俗世から離れた言葉ですね
お釈迦様がそんな喧嘩上等だったら別の伝説が始まってますよ
ちなみに…天上天下唯我独尊には続きがあるのをご存じですか？
ずいっっ
え？そうなの？
天上天下 唯我独尊
三界皆苦《さんがいかいく》 吾当安此《ごとうあんし》
はい？今なんて？
三界皆苦の三界は…欲界《よっかい》・色界《しきかい》・無色界《むしきかい》
待って
欲界は五欲の世界
五欲は食欲・財欲色欲・名誉欲・睡眠欲
色界は芸術の世界
無色界はいわゆる哲学や思想の世界
ちょっと待って
皆苦…つまりそれらは皆苦しみの世界であると言ってます

そして吾当安此…
「吾」はお釈迦様です
「当」はまさに
「安」は安んずる
「此」はここ
尊い…
皆苦しむばかりの
この世界を
お釈迦様が本当に
安らかにすると…
すみません
もう一度最初から
いいですか？
覚えきれません
どこらへんから
わからなく
なりましたか？
ごと〜
あんし〜
ん〜…
ごとうなんちゃら
あたりからかな…
聞いたことがない
言葉ばかりで…
それなんです…
聞いたことがない
言葉を一度に
沢山聞くと…
ずいっっ
覚えられないし
覚えなくても
いいやと思うし
興味を持てない…
だから今回は…
普段の生活の中で
使っている
聞きなれた言葉や…
まずは挨拶
から的な!!
挨拶も仏教語
ですっっ!!
ぼんやり耳にした
ことがあるような
有名な話だけでも
知って欲しいのです

専門用語を使い知識をひけらかす人の言葉が心に響かないように…
退屈だ迷惑だ堪忍してよと思われたら何も伝えられません
ちなみに知識・退屈・迷惑・堪忍も仏教語です
あきた〜
へ〜合コンでネタになりそう
日常の中で知らずと使っていた仏教語の意味を知れば…
愚痴聞きたくねぇなぁ…
そういえば愚痴って仏教語だっけ…
何かの際に気持ちを安心させるための材料になるかもしれません…
一緒に教わろう〜
楽しいよー
ニャア
話のネタに使えるし…
ニャー
知識として覚えてみてもいいかぁ…
ニャン
必殺技っぽいやつあるよー
中二病爆発の漫画の台詞とか読むのが楽しくなるよ〜
ニャ
ちなみに仏教はお釈迦様の教えの実践で宗派とかありますが…
ココ大事
神様や教祖様みたいな信仰対象が何かしてくれたり
祈ったら奇跡が起こってヒャッハーとかは期待しないで下さい
ハーイ
なるほど…
そういうのを先に教えるのも大事だよな

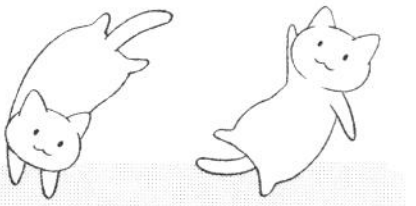

はじめに

現代の日本において、昔ほど宗教は身近な存在ではないと思います。かくいう私も無宗教です。子供の頃から年末にはクリスマスを祝い、年始には神社に初詣に行き、夏にはお盆でお墓参りに行く。それぞれがキリスト教、神道、仏教に関連がある行事だと知ったのは、少し大きくなってからです。

私がはじめて「儀式」として宗教に触れた記憶があるのが「仏教」でした。いわゆる、お葬式です。まだ幼い頃に父方の祖父が亡くなりました。和風の大きな広い畳の部屋があるお屋敷（お寺）に行って、たくさん親戚が居て、むにゃむにゃ言ってる（お経を読んでいる）坊主の人がいて。ご馳走《ちそう》（精進《しょうじん》落とし）を食べて。「行事」として参加したのは夏祭りの「盆踊り」でしょうか。「なんで『ぼん』なの？」と思いましたが、深く考えることなく、「お盆とお彼岸はお墓参り」「喪中のときは年賀状は出さない」など、仏教行事や習慣は当たり前に日常生活に溶け込んでいました。私と同じくらいの感覚で仏教に接してきた人は、結構多いのではないでしょうか？

はじめまして、Ｊａｍと申します。

この度は拙著をお手に取って頂きありがとうございます。

この本では、仏教語を中心にお話や解説を書かせて頂いております。笠間書院さんから「仏教について、やさしく教えるような本を書きませんか？」とお誘いを頂き、それなら身近な仏教語の本はどうでしょう？　とご提案をさせて頂きました。

これはあくまで私見なのですが、「仏教」って難しそうな印象がありませんか？　お経は読み方がよくわからないし、漢字ばかりだし、本を読むと細かい字がびっしりだし。ところが…私たちは普段から、その言葉を使わずに生活する方が難しいくらい仏教語を使っているのです。覚える前からもう使っていると思うと、少し敷居が低くなりませんか？　ちなみに、私が「仏教語」をはじめて意識して調べたのは、水族館に行ったのがきっかけでした。確かアジの水槽の前だったと思います。「命をいただくから、いただきます」という看板があって、「え、そうなの？」と気になって調べたのです。この本の本文でも紹介しますが、「頂く」が仏教語だったのです。

パッと聞かれて「身近な仏教語」って何が浮かびますか？
私は「頂く」を知るまでは、「お盆・お彼岸・喪中・四十九日」など、葬儀に関係する言葉ばかりでした。でも、この「はじめに」の文中でも、すでに仏教語がいくつも使われています。「大人・頂く・意識・挨拶」などが仏教語です。そういう視点で振り返ると、「あれも仏教だったんだ！」というものがすごくたくさんあります。子供の頃にテレビで見た「愛の戦士レインボーマン」という特撮番組、まず主人公を「ダイバダッタの魂宿し…」とオープニングの歌詞で紹介するのですが、ダイバダッタはお釈迦《しゃか》様の弟子の一人です。そして変身のときに唱えていた呪文は仏教語でした。「阿耨多羅三藐三菩提《あのくたらさんみゃくさんぼだい》」は、仏様の真理や悟りの境地を表す言葉です。何かお経みたいだったな？　と調べてびっくりしました。

そんなノリで雑学として調べた仏教語ですが、日常生活の中で使われている現代での意味と、本来の意味が少し違うことがあります。例えば、後ほど解説する「我慢《がまん》」という言葉、今は耐え忍ぶ意味で使うことが多いけれど、本来は「我を張って慢心すること」で煩悩《ぼんのう》の一つです。「なんで？　つらいのに煩悩とか酷い言われよう！」と思いましたが、よく考えると、誰にも頼らずに自分でなんとかできると思うのは慢心でもあります。「耐えることをやめた方が楽になるのでは？」と、本来の意味も知ることで、気持ちを楽に切り替えることができました。仏教語は仏様の教えの一部なので、結果として、意味を知ることで気持ちが楽になる言葉が多いのです。

この本は仏教について書いておりますが、あまり難しいことは考えず、気軽に読んで頂けたら嬉しいです。そして、雑学でもいいので心の隅でちょっとだけ、仏教語の意味を覚えてほしいのです。日常に頻繁に出て来る言葉だからこそ、繰り返し思い出すことで、気楽に考えられる機会が多いと思うんです。

本書では、できるだけ気持ちを楽に切り替えるのに役立ちそうな仏教語や、雑学としても楽しんで頂けそうなものを選んで書いております。

この本を手に取ってくれた方にとって、少しでもお役に立てる一冊となれたら嬉しいです。

目次

二章

三章 仕事の中にも仏様の心

Column

本書掲載の内容は、一般に広く知られている仏教の教えをもとに解説しています。

仏教の教えや呼び方には、諸説あるものや、宗派によって違いがある場合もございますが、ご了承ください。

一章

人とのつながりを大切に

耐える自分はかっこいい？

我慢の限界だ!! 俺はよく耐えたよっ!!
うわああっっ
荒れている～
おやおや…「我慢」はよくないものですよ
ちなみに…今では耐え忍ぶなどの意味で使われますが…
バンッ
根本煩悩
我見《がけん》
我癡《がち》
我愛《があい》
我慢《がまん》
我慢とはもとは「慢心」であり煩悩の一つです
我慢って仏教語なの？
簡単に言うと…自分をえらいと思い込んで他を軽んじる心…
俺がすごい!!
俺が俺が～!!
俺我？
はずかしいね
思い上がりやうぬぼれの心なのです
俺の知ってる我慢と程遠い意味だった
耐えている自分はえらいと思うならそれは慢心かもしれませんよ？
よくないよ～
う…ちょっと思ってた…
無理に我慢はしすぎないほうがいいか…

我《が》慢《まん》

今は耐え忍ぶ意味などで使われていますが、**「我慢」**とは、もとは高慢なことや我を張ること、我執《がしゅう》など、自分の意見に固執することを言います。本来は仏教語で、**「自分をえらいと思い込み、他を軽んじて心おごること、慢心すること」**で煩悩《ぼんのう》の一つです。ところで、一般的な煩悩にはもととなる煩悩があり、それを「根本煩悩」と言います。根本煩悩には「我癡《がち》」「我見《がけん》」「我慢《がまん》」「我愛《があい》」の四種類があるとされ、それを四根本煩悩《しこんぽんぼんのう》と言います。「我癡」は一切の煩悩の根本で、愚かさ、無明《むみょう》（無知や真理に暗いこと）です。「我見」は、いつも自分が中心であり主体であると思い込んでしまうこと。「我慢」は、思い上がりの心、うぬぼれの心、おごり高ぶること。「我愛」は、無意識に自分を愛することです。我慢者《がまんもの》（うぬぼれて我意を通す自分勝手なわがままな者）という言葉などは、まさにその意味で使われています。「徹底的に耐えて我を張る」ところからという説もあります。我慢はつらいですよね。でも、もとの意味も知ると「我慢ばかりしなくてもいいかな？」と思えませんか？　一人で耐え忍んで「周りに頼れない、一人でなんとかせねば」と思うのは、「周りには頼らない、一人でなんとかできる」という慢心かもしれません。耐えることで我を張るのをやめたら、少し気楽になれそうです。

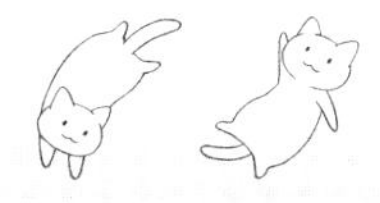

そこまで会いたくない人？

あいつとは金輪際会いたくねーなぁ…
あーヤダヤダ
ハァ〜
そこまで嫌うほど会いたくない方なのですか？
ちなみに…「金輪際」も仏教語です
金剛輪際《こんごうりんざい》
金輪際《こんりんざい》
もともとは「金剛輪際」を略したものです
へぇ〜なんか響きが強そうだな
へ〜
仏教の世界では風輪・水輪・金輪の三つの輪が重なり
人の住む大地を金輪が支えているとされてます
大地
金輪
水輪
風輪
金剛輪際
金剛輪際は水輪との境目でものすごく底…
どこまでも絶対にという感じなんです
さて…件の方はそこまで思うほど会いたくない方ですか？
フッ…
言い過ぎたな…
そこまでではないかもしれない…

金《こん》輪《りん》際《ざい》

「金輪際会いたくない」「金輪際その話はやめてくれ」などで使う**「金輪際」**という言葉は、もとは仏教語で**「金剛輪際《こんごうりんざい》」**の略語です。古代インドの宇宙論では、世界は下から「風輪・水輪・金輪」の三つの輪が重なり、人の住む大地を金輪が支えているとされています。その**大地の最下層である金輪の最も深い底の底、水輪との境目の際**が金輪際です。この、**「底の底まで・どこまでも・とことんまで」**という意味が「金輪際関わらない」のように副詞として使われるようになりました。ちなみに、金輪の厚さって三十二万由旬《ゆじゅん》あるそうです。由旬は古代インドの長さの単位で約十キロ、つまり三十二万由旬は三百二十万キロです。地球を一周するのに四万キロと考えてもとんでもない厚さで、その底の底が金輪際なのです。

意味を知ると改めて、金輪際という言葉を使うとき、「それは自分にとって、本当にそこまで強く否定したいものだろうか?」と深く考えるようになりました。「金輪際やめる」と言えば生涯それを再び始めることはできないし、「金輪際会わない」と言えば二度と会えなくなるでしょう。そういう覚悟が必要なときもありますが、そこまで人や物事を否定するのは悲しいことでもあります。金輪際やめたいと考えるときは、もっと慎重になった方がいいのかもしれません。

一期一会って茶道からきてる言葉なんだ
へ～
いちご～
いちえ～
「生涯に同じ茶会は二度とない一生に一度限り」というやつですね
仏にゃん様は茶道にも詳しいんだ
ほ～
アニメ見たい～
「一期一会」の「一期」は仏教語なのですよ
フフ…
人が生まれてから死ぬまでの期間を一期と言います
生きる苦しみ老いる苦しみ病の苦しみ死の苦しみ
必殺技みたい～
生老病死 一期四相
人の人生上の苦しみを整理した…
生老病死《しょうろうびょうし》のことを一期《いちご》四相《しそう》と言います
仏教での苦しみは思い通りにならない生きる苦しみ…
会いたい人に二度と会えない苦しみもその一つ
だからどの茶会も一生に一度と心得て誠意を尽くすのですよ…

一《いち》期《ご》一《いち》会《え》

「一期一会」って茶会で良く用いられる言葉らしいです。「一生に一度限りの出会い」などの意味で使われますが、これは安土桃山時代の茶人の千利休《せんのりきゅう》の、弟子の山上宗二《やまのうえそうじ》の「茶の湯の秘伝書『山上宗二記』」に、千利休の言葉として「一期に一度の会」と記されています。「お客様をもてなす茶会において、生涯に同じ茶会は二度とない」と言ったわけです。この一期一会の**「一期」**は仏教語で、これは**人が生まれてから死ぬまでの期間のこと**を言います。一期四相《いちごしそう》という仏教語があるのですが、これは、人の人生上の苦しみを四つに整理した「生老病死《しょうろうびょうし》」（生苦《しょうく》、老苦《ろうく》、病苦《びょうく》、死苦《しく》）という四つの苦しみです。人が生まれ、老い、病み、死ぬことは、人生において逃れられない苦悩です。四苦八苦という四字熟語の四苦は生老病死からきているのです。仏教においての苦しみは「思い通りにならないこと」を意味します。ですから、この生老病死を含む様々な苦難から逃れる智慧《ちえ》が何か、それを得るためにどうすればいいかを説いています。一期一会で出会う人たちには大切な人も含まれています。会いたい人に二度と会えないというのは、生きる上でこの上ない苦しみです。だからこそ、人と接するときは、次はないのだという気持ちで誠意を尽くしたいものです。

原因と要因がなければ結果は生まれない

縁ってやっぱ仏教語？
縁結びとか縁切りとかよく聞くし…
「縁」は仏教語ですよ
仏教での縁は…因と縁が合わさって生じる縁起のことです
因
因縁
縁
因は直接的な原因
縁は結果を生み出すための間接的要因です
植物に例えると因は花の種です
種がなければ植物そのものがないも同じです
縁は太陽や水や土や育てる人…花が咲くために必要な条件です
種と条件…どれか一つでも欠ければ花は咲きません…
縁
あげる
因
お花～
私たちは因と縁が存在し合うことで生かされているのですよ

縁《えん》

「縁」とは梵語（サンスクリット語）プラティヤヤの漢訳で仏教語です。ものごとのつながりや関わり・ゆかりのことを言います。仏教では、すべてのものには必ずそれが起こる原因があるとされています。**直接的な原因、「これがなければ結果は生じない」というもの**を**「因」、その結果を生みだすための助けとなる間接的な要因**を**「縁」**と言います。**世の中のすべてのものは必ずお互いに関係しあっていて、「因」と「縁」が合わさって生まれる、**これを**「因縁生起《いんねんしょうき》」**と言います。

「因縁生起」は「縁起」のことです。「縁起がいい・悪い」などで使いますが、もともとは「すべてのものには因と縁があり、その両方が揃ってはじめて結果が生じ起こる」という意味です。植物に例えてみましょう。種が「因」だとすると、花が咲くためには土や水や太陽や育てる人など、成長のための様々な条件である「縁」が必要です。「因」と「縁」が関係し影響を与え合ってはじめて花が咲くという結果が生まれるのです。原因（因）も条件（縁）もなければ、結果そのものがなくなります。私たちは「縁がなかった、縁があった」と起きたことを縁のせいにしがちですが、原因である「因」に「縁」が結びついて「生じた結果」であるなら、自分の行い（因）を見直し、よい因縁が揃うよう心がけていきたいですね。

その認識が事実とは言えない

…ったく うちの上司と きたら…
常識 ねーな…
子猫たち… お前らは分別の ある立派な 大人になれよ…
え～… やだ～～
仏教では 「分別」はない ほうが いいんだよ～
分別いや～ いらな～い
分別があると なかなか 悟れないの～
え!? そうなの?
人は分別により ものごとを区別し 善悪や損得を 判断しますが…
それは頭の中の 思い込みに すぎず…
自分の認識こそ 真実と思うのは 悟りに遠い 考えなのですよ
私の顎の三本皺は 悟りに至る 三段階を表して いるのですが…
コレ
えっっ
贅《ぜい》肉《にく》じゃ ないの!?
無礼～
失礼～
このように 人は分別により 意味づけをして 真実から遠ざかる のですよ…

分《ふん》別《べつ》

「分別」は、知識により区別することや、善悪を識別して判断することなどを言い、「分別がある」というのは今では良いことのように言いますが、仏教においてはそうではありません。むしろ**分別は悟りに至るには邪魔なもので、分別をせずにありのままを受け入れる「無《む》分《ふん》別《べつ》」こそが、もっとも尊ぶ智慧《ちえ》である**と言います。人は分別により「何が正しいか、間違っているか」「これは美しい、汚い」「勝ち負け・損得」などを区分けします。しかしそれは、あくまでも自分の頭の中でだけの認識にすぎません。「あの人と比べて自分は劣っている」「絶対に正しい意見なのになぜ反論するんだ！」こういった苦悩は、人が分別により意味付けをしなければ生まれないのです。仏教における真実とは「ただそこに事実があること」です。物事に対して認識が生じることを防ぐのは難しいのですが、その認識が必ずしも真実であると思い込まないだけでも、無分別という悟りに近づけるのかもしれません。そうは言っても現代では「分別がない人」は常識や物の道理をわきまえない人でもあります。もとの意味を知ることで、自分は人と比べすぎている、決めつけてばかりいる…と苦しく感じたとき、もう少し無分別になろうと（ありのままを受け入れる）、心がけるくらいが丁度よいと思います。

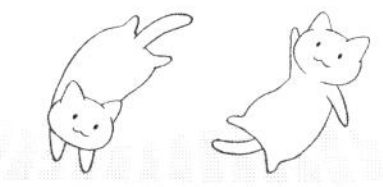

立ち振る舞いが人を作る

お前たちほんと小さいのにお行儀がいいな
よしよし
あのねー「行儀」も仏教語なんだよー
うんうん
行儀は仏道修行を行う上での規則や行事の儀式・作法を指し…
その基本である行《ぎょう》・住《じゅう》・坐《ざ》・臥《が》が含まれます
仏道修行の略語なのー
行住坐臥？鳥獣戯画みたいだな…
ぜんぜんちがうよー
歩く・止まる座る・臥すは生活の基本動作
行住坐臥
行
坐
住
臥
仏教ではこれを四威儀《しいぎ》と言います。
規則や法則や立ち振る舞いは修行では大事なことなのです
四威儀
ビシッ
お行儀がいい…
行儀作法が人を作るってことわざもあるもんな…

行《ぎょう》儀《ぎ》

「あの人は行儀がいいね」「ずいぶん他人行儀じゃないか」など、**「行儀」**は日常でもよく使う言葉ですが、もとは仏教語です。行儀の「行」は梵語の「ガマナ」の漢訳で、意味は「歩みゆくこと」、「仏道修行」の略語です。「儀」は「規則・法則」を意味します。「行儀」は**仏教の修行を行う上での規則や行事の作法**を指し、その基本である「行《ぎょう》・住《じゅう》・坐《ざ》・臥《が》」すべてが含まれます。これらは、歩くこと、止まること、坐ること、臥すことという生活の基本動作です。仏教ではこれを四《し》威《い》儀《ぎ》と言います。僧侶以外の一般の人々の間でも「行儀」が用いられるようになったのは、室町時代の頃からだそうです。「キングスマン」という映画で「礼儀が紳士をつくる」という有名なセリフがありますが、これは「行儀作法が人をつくる」というイギリスのことわざからきているそうです。行儀がいい人って好感度が高いですよね。「行儀作法」が人をつくるなら、いい人になるには、「どんないいことをしよう？」と考えるより、まずは規則や法則を守り、日常の立ち振る舞いに気をつけていくのが近道なのかもしれません。

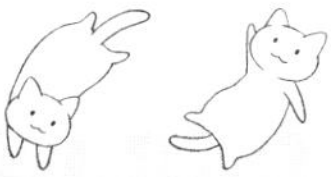

見返りを求めて行動しない

有名女優が一般男性と結婚か…
うらやましい…
一体どんな功徳を積んだら来世で推しと結婚できんだ…
「功徳」は…
良いことをするとご利益があるという世俗的な意味で使われてますが…
仏教での功徳は…
自分以外の他者のために見返りを求めず善行を行うと
それによりよい果報が得られるとされています
え？じゃあご利益目当てでいいことしても何もないの？
やらない善よりやる善がいいと思いますが…
見返りを求める時点で功徳は積まれませんね
善意で何かしてくれたと思っていた人が実は利益目当てで…
その人の行為に功徳があると感じますか？
何か下さい
この間助けたお礼だけど…
見返り求める時点で善行じゃないだろ…
そういうことですよ

功《く》徳《どく》

「功徳」は梵語グナの漢訳です。「功能福徳《くのうふくとく》」という意味で、よい行為（善を積んだり仏教修行をすること）の結果として、報いとして得られる果報のことを言います。「功徳」の「功」は幸福と利益の功《はたら》き、「徳」は「得」です。仏教ではもともと功徳は**自分ではなく他者のために、見返りを求めずに善行を積めばよい果報が得られるよ**…とされてきましたが、それが「良いことをするとご利益が得られる」と拡大解釈されて、今では世俗的な意味が強くなっているようです。どんな行為が功徳であるかは時代や宗派により異なります。平安時代では経典を読んだり写経をしたり、祈祷《きとう》をしたり、お布施をすることが功徳であると考えられていました。「南無阿弥陀仏《なむあみだぶつ》」を唱えることが最高の功徳だという宗派もあります。今の時代の日常において功徳について考えるなら、「ご利益《りやく》などの見返りを求めず他者のために善い行いをする」ことでしょうか。「無功徳」という禅語があるのですが、これは、「善を行っても功徳がない、善の行為は無心のもので果報を当てにしてはならない」という意味です。「今、自分は善いことをしているな」と意識せずに他者のために行動するのは難しいことかもしれませんが、自然とそうなれたら素敵ですよね。

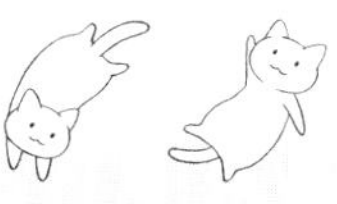

自分が変われば結果も変わる

上司のせいで散々だ…何かの因縁かな…
ハァ…
そういや「因縁」も仏教語だっけ？
直接的原因と間接的要因だっけか？
ひょこ…
ヘートゥをご存じか？
ズンチャッ
ズンチャッ
ナートゥみたいに言うな
R●Rかよ（インド映画）
梵語で「因」はヘートゥ「縁」はプラティヤヤ
ドーン
キャッ
あらゆるものが因と縁によって成り立っていると考える仏教では
因がなければ縁もなく因を変えれば縁も変わります
上司がいなければこの会社でなければその問題は本当に起こりませんか？
縁
因
子猫たちが気になる…
俺（因）が変わらないとどこ行っても一緒かも…

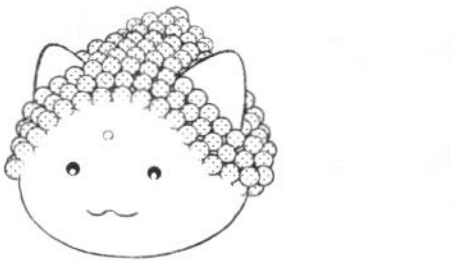

因《いん》縁《ねん》

「因縁」は、日常では「関係や原因、由来」などの意味で使われます。「因縁」も仏教語です。「因」はヘートゥ、「縁」はプラティヤヤという梵語の訳で、「因」は直接原因、「縁」は間接的な要因・条件を表します。仏教では、**あらゆるものはすべて因と縁によって成立している**と考えられているので、当然のことながら、因と縁がなければそこには何も起こりません。「因縁をつけられた（言いがかりや嫌がらせをされること）」という言葉がありますが、「因」も「縁」もないのに無理に関係をつけてからんでくるなんて、それはもう言いがかりそのものですよね。他にも「因縁を感じる（宿命や運命を感じる）」「因縁の対決（過去に関りのある者同士の対決）」などがありますが、「因縁」を含む言葉は、どれも自分一人だけで起こるものではありません。自分が作り出した原因と、それを取り囲む環境や他人の行いが合わさって「因縁」が生じます。だから悪い因縁に対して、「あいつが悪い」「環境のせいだ」と言っても状況は変わらないし、縁にすがって「周りがなんとかするだろう」と何もしなければ、何も変わりません。「因」を変えれば間接的な要因や条件である「縁」も変わるのですから、「すべての結果には必ず原因がある」と肝に銘じていきたいものです。

使い方には気をつけて

仏にゃん様なんか今日は威光を感じるな…
まぶし…
パアアアア…
ああ…すみません後光がオンのままでした
後光の説明は置いておいて…「威光」も仏教語です
あれオンオフできるんだ…
人を恐れさせ服従させるような力や勢いのことを言います
「威」がつく言葉にはそういう意味が多いでしょう？
威光
権威
威圧
ちなみに「光」という字は火にひざまずく人の形をしてます
確かに…
「火」って言われると力や勢いを感じるな
またインド映画っぽいイメージが…
ゴオオオオォォ
人を服従させる力は火と同じで使い方次第では危険ですよね

威《い》光《こう》

「威光」とは、**人を恐れさせ服従させるような力や勢いのこと**を言います。テージャスという梵語に由来する翻訳語で、鋭く突きさすような光という意味です。「威」には、「人をおそれ従わせる力・勢い」という意味があり、「光」にもまた、輝かしさや美しさの他に「勢いや力があること」という意味があります。古代では火は神聖なものでした。火を守り神に仕える聖職者がいて、古代文字の「光」はひざまずいた「人」の頭上に大きな「火」がある形です。「火」と言われると確かに勢いや力を感じます。自然現象の前では人間は無力ですから。「他を服従させる」という意味では「権威」という言葉がありますが、こちらは字の通り優れた知識や技術など、権力や権限をもとに他を服従させることです。ちなみに「威光」を英語に訳すと「authority」で「権威」です。人を恐れさせ服従させる力というのは、服従する受け手側からすれば、「逆らえない」という意味では同じなのかもしれません。「威張る」にも「威」の字があります。「威厳」のように、おごそかな雰囲気の言葉もありますが、あれも「近寄りがたいほど」堂々としているものに対して使われます。「威」は「火」と同じで、仮に手にすることがあっても、使い方には気をつけた方がいいのかもしれません。

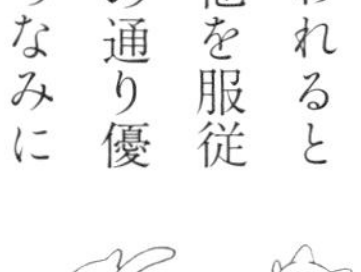

言い訳してても始まらない

は〜…やることがなくて退屈だ…
子猫達遊ぶか？
「退屈」も仏教語ですよ
厳しい仏道修行にくじけることを退屈と言います
暇じゃなくてくじけることなんだ
菩提広大屈 万行難修屈 転依難証屈
修行第一段階はこの三つの退屈でくじけやすいとされています
簡単に言うと…
①菩提広大屈《ぼだいこうだいくつ》 悟るの大変そうで修行前からくじけた！
②万行難修屈《まんぎょうなんしゅうくつ》 修行がエンドレスで嫌気がさした
③転依難証屈《たんねなんしょうくつ》 悟れる気がしなくてくじけた！
やめるー
やめたい
無理っしょ
やらない言い訳リストみたいだな
日々鍛錬して自分を磨くことで退屈は克服できるのです
人間って昔からやらない言い訳ばっかしてんだな…
とりあえず何か始めてみるか…

退《たい》屈《くつ》

「退屈」とは、なすべきことがなくて時間をもてあますこと、その状況に嫌気がさしてあきあきすることを言いますが、もとは仏教語で、梵語のケーダ（怠惰《たいだ》）の訳語です。仏教における「退屈」とは、**仏道修行の苦しさ難しさに負けて精進《しょうじん》しようとする気持ちをなくしたり、求道心がうすれて疲れて嫌気がさしたり、煩《ぼん》悩《のう》に屈してしまうこと**です。悟りを求めるための修行には五段階あり、はじめの第一段階で三つの退屈が生じ、くじけやすいことがあるとされています。それを「三退屈《さんたいくつ》」と言います。「菩提広大屈《ぼだいこうだいくつ》」では、悟りは広大で途方もないと聞いて退屈する、「万行難修屈《まんぎょうなんしゅうくつ》」では、限りなく続く修行に退屈する、「転依難証屈《てんねなんしょうくつ》」では、この修行が本当に悟りにつながるのかわからなくて退屈するとしています。これらを克服することを「三錬磨《さんれんま》」と言います。日常でも、始める前からやるのが大変だと投げてしまったり、どこまで頑張ればいいのだと嫌になったり、本当に結果が出るのかと疑ったりしますよね。でもそこで錬磨（修行を重ねて身につける）しなければ何も得ることができません。お釈迦《しゃか》様の時代から、なすべきことがなくても、やるべきことがあっても、退屈してしまうのですから、人間は退屈しやすい生き物なのかもしれません。

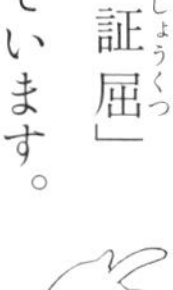
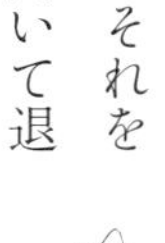

心を以て心に伝える

イエーイ
ぼくたち以心伝心〜
ウェーイ
双子?って直感で相手の気持ちがわかりそうだよな
「以心伝心」は今では気心が言わずとも伝わる意味で使いますが
もとは不立文字《ふりゅうもんじ》という言葉からきています
教化別伝《きょうげべつでん》
ふりゅうもんじ?
きょうげべつでん?
文字や言葉を立てずに心から心に悟りを伝えることです
読経しても言葉で説明されても…
悟りが全然わからん…
悟り
修行による体験や直感を通じてしか伝わらないこともあるのですよ
教える方も教わる方も大変そう…
仏教の奥深い心理や悟りを伝えるためには…
はーい
心を以て心に伝えていくことが大切なのです

以《い》心《しん》伝《でん》心《しん》

「以心伝心」とは、文字や言葉を使わなくてもお互いの心と心で通じ合っていることを言います。「あなたと私は以心伝心ね」とか、何も言わなくても相手が言いたいことを察してくれる、人と人との信頼ある状態を表すのに使われますが、もとは仏教語です。お釈迦《しゃか》様が説法をした際、蓮の花をとって大衆に示したところ誰もがその意味がわからず、弟子の摩訶迦葉《まかかしょう》だけが真意を知って微笑したという「拈華微笑《ねんげみしょう》」という故事があります。言葉がなくとも以心伝心で心が伝わった摩訶迦葉に、お釈迦様は仏法の真理を授けたそうです。禅宗の教義で**「不立文《ふりゅうもん》字《じ》　教化別伝《きょうげべつでん》」**という言葉があるのですが、そこでは、**「悟りは文字や言葉だけでは伝えられないから、修行による体験や直感を通じて、心から心へ伝えることで得られるものだ」**と言っています。わが国で最初に「以心伝心」という言葉を用いた弘法《こうぼう》大師《だいし》空海《くうかい》も『性霊集《しょうりょうしゅう》』の中で、「仏教の奥深い真理は文では体得できない、心を以て心に伝えていくことが大切で、文は残りかすであり瓦礫《がれき》だ」としています。ところで、日常で「ありがとう」など、言わなくても相手が察するだろうと、伝えていない言葉はありませんか？　親しい仲でも以心伝心は難しいですから、伝えられることは惜しまず伝えていきたいですね。

相手にとって本当にいいこと

うぉぉ…10連ガチャ全敗した…
うわっっ
神も仏も慈悲がねぇ…
仏教による仏様の「慈悲」は「大慈悲」なのですよ
大慈悲？
人の慈悲は相手を選ぶし間違いもありますが…
仏様の慈悲はあまねく人々に平等で永遠で
先を見通す知恵に裏付けられた慈悲なのです
例えば赤の他人を永続的に面倒みきれますか？
お前が甘やかすからグレたわ
えぇぇ…
家族や恋人でもないと厳しいかも…
また良かれと思ったことが後に仇となることもあります
今ガチャでＳＳＲがくれば一瞬は幸せに感じますが…
味をしめて遊び続け散財し仕事を失い…
もう一回だけ…
あと一万回せば来る…
結果苦となる未来を見越して甘やかさないのが仏様の慈悲です
ハァハァ
説得力がすごい

慈《じ》悲《ひ》

仏教における**「慈悲」**とは、**仏様が人々を憐れみ、苦しみを取り除き利益《りやく》や安楽を与えようとする心、「抜苦《ばっく》与楽《よらく》」**を意味します。「慈悲」は梵語のマイトレーヤ＝カルナーの漢訳で「慈」「悲」の心に分けられます。「慈」はマイトリーで深い慈しみの心をさし、抜苦（苦を抜く）の意味があり、「悲」はカルナー（同情）で深い憐みの心をさし、与楽（楽を与える）の意味があります。ここだけ聞くと慈悲って、都合よく楽を与えて苦を取り除いてくれるようにもとれますが、ここでいう慈悲とは「大慈悲」のことです。仏教では人間の慈悲を「小慈悲」、仏様の慈悲を「大慈悲」と言い、人間の小慈悲には限界があります。まず、平等ではありません。見ず知らずの他人より縁が近い人の幸せを願ってしまいます。また、長続きしません。悲しいニュースへの同情も番組が変われば薄れるように、ほんの一時のものです。また先を見通すことができません。今よかれと思ってやったことがかえって相手を不幸にすることもあります。菩薩の大慈悲は老若男女も善悪も選ばずすべての人に平等で、永久に変わらず、先を見通す智慧《ちえ》に裏付けられた慈悲の心です。もしすべての人が菩薩のような大慈悲の心を持てたら、平和な世界がおとずれるのかもしれません。

互いに愛しみ敬う気持ちがあれば

子猫は愛嬌があってかわいいな
フフッ…
「愛敬」も仏教語なんですよ
え？意外
仏様でも可愛いことはいいことって教えるの？
愛《あい》嬌《きょう》
愛《あい》敬《ぎょう》
仏教のあいきょうは愛しみ敬うこと
愛敬と書いてあいぎょうと読みます
敬愛せずにはいられない優しく温和な菩薩の表情を愛敬相《あいぎょうそう》と言います
ずいっっ
ちなみに愛想も愛敬相からきています
近い近い
互いに愛しみ敬う行動を起こすことを愛敬法《あいぎょうほう》と言います
この顔見たら愛敬相です
自分次第で愛敬も愛想も身につくなら
指名手配みたいに言うな
よくするよう心がけた方が平和でいられそうだな

愛《あい》敬《ぎょう》

「愛嬌《あいきょう》」には、かわいらしいことや憎めない表情などの意味があります。「あの人は愛嬌があるね」とか「愛嬌をふりまく」とか、日常でもよく使いますよね。

でも、もとは仏教語で、**「愛敬」**と書いて**「あいぎょう」**と発音します。現在のように「あいきょう」と呼ばれるようになったのは室町時代以降だそうです。

「愛敬」は**菩薩のやさしく温和な、敬愛せずにはおられない慈悲の表情を「愛敬《あいぎょう》相《そう》」と呼んだことから**きています。人々の和合親睦を祈り、互いに愛《いつく》しみ敬《うやま》う行動を起こすことを「愛敬法《あいぎょうほう》」と言います。つまり、仏教における「愛敬」とは、**愛しみ敬うこと**です。仏教では「愛」という言葉は「愛欲」や「愛執《あいしゅう》」といった、物事に対する強い欲求をさす場合が多いのですが、「愛敬」の「愛」は自分だけでなく他者をも慈しみいたわる「慈悲」のことです。ちなみに「愛想」という言葉も本来は「愛相《あいそう》」で「愛敬相」からきているそうです。お互いを愛しみ敬う気持ちで接することが愛敬であるなら、できるだけ愛敬がある人になりたいし、愛敬相にならって、愛想よく生きることを心がけていきたいですね。

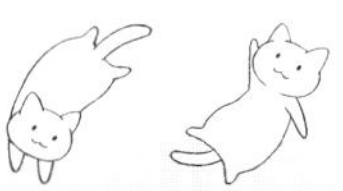

お釈迦様の生涯

紀元前五～六世紀頃の四月八日、お釈迦《しゃか》様はルンビニー（現在のインド北部）で釈迦族の王子シッダルタとして生まれました。生まれた直後に立ち上がって七歩歩き、右手で天を、左手で大地を指差し、「天上天下唯我独尊《てんじょうてんげゆいがどくそん》」と説かれたそうです。その際に「この子は王位を継承すれば世界を治める伝説の転輪王に、出家をすれば無上の悟りを得られる仏陀《ぶっだ》になる」と仙人に予言され、父王は王位を継承させようと、優れた教育と贅《ぜい》の限りを与えましたが、ある日、「四門出遊《しもんしゅつゆう》」と呼ばれる転機が訪れます。東の門から出ようとすると老人に、南の門では病人に、西の門では死人と会い、シッダルタは「人は皆、年老いて、病気になり、死ぬ」という、誰一人として逃れられない問題に深く思い悩むようになります。そして、二十九歳で出家を決意し、六年間の厳しい苦行を続け、苦行では真理に辿り着けないことに気づき、菩提《ぼだい》樹《じゅ》の下で坐禅《ざぜん》を組み、瞑想《めいそう》を行います。悪魔や鬼神の誘惑にも負けず、三十五歳の十二月八日、ついに悟りの境地に至ります。そして八十歳で亡くなるまでの四十五年間、真理を説き、多くの人を導きました。

二章

生き方を改める

「オレ我」はいらない

よく仏教語で「我」って出てくるじゃん？
あれは「自分」って意味でＯＫ？
「我」は梵語でアートマンと言います
古代インドの哲学ではアートマンがブラフマンと同一と知ることで
我 アートマン 個人を支配する原理
梵 ブラフマン 宇宙を支配する原理
悟りに達すると言われています
へ〜
しかし仏教では真っ向から「我」を否定します
我いらない!
NO!! 我
否定するのかよっ!!
「我」があるから煩悩や欲求や迷いや苦しみが生じるんです
オレがー
オレ我ー
仏教では「我」を捨てて「無我」となるのが悟りなんです

我《が》

「我《われ》」とは、一般的には「自分」という意味で、仏教では**「我」**を**「が」**と読みます。梵語のアートマンの漢訳で、本来は「呼吸」「自分」「身体」を意味します。そこから**人間の「本性」や「自我」や、ものごとの「本質」そのもの**を指すようになりました。「梵我一如《ぼんがいちにょ》」という言葉があるのですが、「梵」はブラフマンのことで「宇宙を支配する原理」という意味です。「我」はアートマンなので、この場合は「個人を支配する原理」という意味です。古代インドの哲学では、これらが同一（一如）であると知ることにより、永遠の至福である悟りに達するとされてきました。しかし仏教では「我」を否定しています。なぜなら、仏教では**自分自身を直視して「我」を捨て、「無我」となることで悟りに達する**と説くためです。「我愛《があい》・我見《がけん》・我執《がしゅう》」などの言葉がありますが、どれも「我」があることで煩悩《ぼんのう》や欲求にとらわれ、迷い苦しみ、自己中心的な考えをするという意味があります。だから仏教では大元である「我」を捨てて「無我」になることで、悟りの境地に達するのです。「頑張る」の語源が仏教語の「我を張る」で、我を通しても我を張ってもいいことはあまりないので、我にとらわれ過ぎない仏教の考え方を心の隅に置いておくと、今の時代は生きやすいかもしれません。

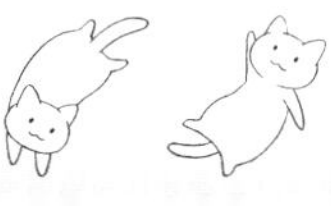

素直な心で見つめ直す

あーもう…意地張るのやめない？
は〜…
意地悪じゃなくてさー話きいてよ…
ちわげんかだー
ちじょーのもつれだー
意地ってめんどくせぇよなぁ…
お仕事だから…
「意地」も仏教語です
フフッ
「意」は意識で意識は何かを認識することを意味します
認識するには五感で感じる必要があります
五識で認識するニャ〜
眼識《げんしき》
五識《ごしき》
耳識《にしき》
身識《しんしき》
鼻識《びしき》
舌識《ぜっしき》
五識で知覚するニャ〜
そして一切の認識は意識から生じます
意地自体は純真無垢な心みたいなものなのですが…
意地が不安定だと五感からの情報を正しく処理できないのですよ
意地悪は認識エラーと思っておくか…

意《い》地《じ》

「意地」も仏教語です。日常では気だてや心根のことを言い、「意地を張る」とか「意地悪」とか、自分が思ったことを無理に押し通そうとするなど、あまりよくない意味でも使われますが、仏教での「意地」はちょっと違います。少し難しいので、まず「意」と「地」を分けて説明します。**「意」**は簡単に言うと**「意識」のこと**です。意識って何かを認識する意味なのですが、認識するには眼で見たり耳で聞いたり鼻で嗅いだり、舌や皮膚で感じたりと五感で感じる必要があります。それを「眼識《げんしき》・耳識《にしき》・鼻識《びしき》・舌識《ぜっしき》・身識《しんしき》」で「五識《ごしき》」と言います。これらの五識を通じて知覚や認識をすることを、「意識」や「第六識《だいろくしき》」と言います。「意識」は認識の源で、**一切の認識は「意識」から生じるので、その根本となるものを「意」の「地」で「意地」と言います。**「意地」は梵語のマノー・ブーミの訳語で、「認識の根源を大地に例えたもの」という意味なので、「意地」は「意識」の大地で、**片寄りのない純真無垢な素直な「心」そのもの**だと思ってください。だから「意地」が安定しないと五感からの情報を正確に処理できず、意地悪になったり意地を張ったりしてしまいます。そんなときは少し冷静になって「意地」を安定させて、素直な心で自分を見つめ直していきたいですね。

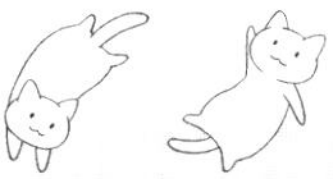

悪い報いを受けないために

ああ…また推しのライブの抽選落ちた…前世の業か…
うう…
業ってなんか仏教語っぽいよなぁ…
「業」は仏教語ですよ
業は仏教では「人の行為」を意味します
身口意《しんくい》の三業《さんごう》というのがありまして…
「身業《しんごう》」は身体「口業《くごう》」は言葉「意業《いごう》」は意思に関わる行為です
これらすべてを含めた人の行為が業を引き起こしているとされます
善い業
良い結果
悪い業
悪い結果
私達の運命はすべて業が原因で生み出されているのです
因果応報《いんがおうほう》か自業自得《じごうじとく》みたいだな…
うわ…
因果応報が前世も含む過去の善悪の業の報い
どちらも仏教語です…
自業自得は過去の善悪の業の報いを受けることです

業《ごう》

「業」という言葉は梵語の「カルマン」の訳語で、「成すこと」を意味します。日常ではあまり「業」について話すことは少ないと思いますが、例えば推し活やブランドに執着する人に「業が深い」とか、運の悪いことを「前世の業が深い」とか、なんとなく使っているのではないでしょうか？　仏教では「業」は**「人の行為」**を意味します。業を三種に分類して、「身口意《しんくい》の三業《さんごう》」と言い、「身業《しんごう》」は身体に関わる行為で実際の行動のことです。「口業《くごう》」は言葉に関わる行為、「意《い》業《ごう》」は意思に関わる行為で、心で思うことです。仏教では、これらすべてを含めた「人の行為」が「業」を引き起こしているとされ、私たちの運命はすべて「業」が原因で生み出されているとされています。善い業（善行）には良い結果が、悪い業（悪行）には悪い結果が訪れる考えは「因果応報《いんがおうほう》」に近いですね。「因果応報」も仏教語です。「自業自得《じごうじとく》」という言葉がありますが、「因果応報」が過去の「善悪の業」の報いを受けることで、前世の行いまでを含むのに対し、「自業自得」は過去の「善悪の業」の報いを受けることを言います。どちらにしても、悪い行いに対してだけは必ず報いを受けるようなので、できるだけ善い行いをして、あまり悪い業は背負わない方がよさそうです。

自分の本心に沿って生きる

今日の仕事終わった〜俺は自由だ〜!!
ひゃっはー
だらだら好き勝手に楽しむぞ〜♪
じーっっ
仏教による「自由」とは…
自《みずか》らに由《よ》ることなんです
え？
お釈迦《しゃか》様は亡くなるときにおっしゃいました…
私を神格化してはいけない…教えを怠ってはいけない…
仏の教えは自分自身の灯りを頼りに生きることだと…
自分以外のものの影響を受けず…自分と向き合い自らを拠り所にし
自分の本心に沿って生きるのが仏教による自由なんです
う…浮かれてサーセン…

自《じ》由《ゆう》

「自由」も実は仏教語です。梵語の「スヴァヤン」の訳語で、「他に依存せず、それ自体で存在すること」を意味します。仏教による**「自由」**とは**「自《みずか》らに由《よ》る」**ことで、**自分以外のものの影響を受けず、自らを拠りどころにし、自分の本心に沿って生きること**です。お釈迦《しゃか》様が亡くなる間際に「自灯明《じとうみょう》・法灯明《ほうとうみょう》」という言葉を弟子に伝えました。「自灯明」は他の誰かの言葉や教えなど、そういった外のものをよりどころにするのではなく、自分と向き合い、自分自身をよりどころにしなさいという意味です。「法灯明」は真理、つまり、本当に正しい教えをよりどころにして生きなさいという意味です。お釈迦様は亡くなるときに「私を神格化してはいけない、教えを怠ってはいけない」と言いました。お釈迦様も「他の誰か」の一人なのでしょう。だから仏法（仏の教え）は自分自身の灯りで、ここでいう正しい教えは、経典や僧侶の法話そのものではなく、これまで自分が積み重ねて会得してきた生き方など、もっと広い意味での解釈も含むのだと思います。今では「自由」は思いのまま好き勝手に生きられるような意味に使われますが、本当の自由って何にも依存することなく、心を自在にコントロールできる生き方なのかもしれません。

今日が最後の一日でも

この俳優さん亡くなったんだ…まだ若いのに…
仏教では「寿命」を「定命《じょうみょう》」ともいい…
生まれる前に定められた命の長さのことを言います
年齢を「寿」体温を「煖」意識を「識」として…
それらを支える生命力を「命根」と言い
寿《じゅ》
命根《みょうこん》
識《しき》
煖《なん》
寿と煖と識は互いを維持するために依りあう関係にあります
この三つが持続されているうちは命があるとされ…
寿
識
煖
これらが肉体から去るとき…永眠するとされています
老少不定《ろうしょうふじょう》という仏教の言葉があります…
若者と老いた者どちらが先に逝くかわからないのが人の命です
……
人生は無常で人の命は測ることができないのです…

寿《じゅ》命《みょう》

「寿命」とは、仏教では**「定命《じょうみょう》」**とも言い、**生まれる前に定められた命の長さのこと**を言います。「倶舎論《くしゃろん》」という仏教の入門書では、年齢を「寿《じゅ》」、体温を「煖《なん》」、意識を「識《しき》」とし、それらを支える生命力のことを「命根《みょうこん》」と言い、寿と煖と識は、互いを維持するために依り合う関係にあり、この三つが持続されているうちは生命があるとし、これらが肉体から去るとき、永眠するとされています。ちなみに阿弥陀如来《あみだにょらい》は「無量寿仏《むりょうじゅぶつ》」で、寿命は永遠で限りがないとされています。しかし私たち人間は長くても百二十年ほどで命に終わりを迎えますし、事故や病気や災害などで早くに命が尽きることもあります。「朝に紅顔ありて夕べに白骨となる」という言葉が好きなのですが、これは、朝は健康だった若者が夕べには死んで白骨になることもあるという意味です。人生は無常でいつ何が起こるかわからず、人の生死は測ることができないのです。「老少不定《ろうしょうふじょう》」という仏教の言葉がありますが、老いた者が先に逝《ゆ》くか、若者が後に逝くかわからないのが人の命です。だからこそ定命を受け入れ、一日一日を大切に、今、逢える人を大切に、今日が最後の一日となってもいいように、限られた命を精一杯生きていきたいものです。

煩悩は使い方次第

子猫達を見てると煩悩だらけの自分が恥ずかしくなるな…
無垢だ…
「煩悩」は誰しもあるものですよ
お釈迦様でさえ煩悩から抜けるための修行が必要でしたし…
原始仏教では煩悩は滅すべきものですが…
「菩提」は幸せや喜び…「即」はそのまま…
煩悩はそのまま幸せと一体である…
大乗仏教では煩悩即《ぼんのうそく》菩提《ぼだい》という思想もあります
夜を明るくしたい…病を治したい…
そういった煩悩があるから人類は発展してきました
安全に快適に長生きしたいという執着や煩悩は…
科学や医療の発展の原動力になっています
人の苦しみの原因は煩悩にありますが…
煩悩による苦しみがあるからそれが喜びに転じるのですよ
煩悩は使い方次第なんだな…

煩《ぼん》悩《のう》

「煩悩」とは仏教上の言葉で、**心身を悩ませ、かき乱し、煩わせ、惑わし、汚し、悟りへの道を妨げる心の総称**です。百八煩悩とか八万四千の煩悩とか、限りなくあるようにも説かれ、人間の苦しみの原因は煩悩にあるとされています。しかし、煩悩のない人間はおそらくいませんし、人類の歴史を振り返ると、煩悩なくして科学や医療の発展も考えられません。暗い夜が明るく照らされ、病を治療できるようになったのも、安全で快適に暮らしたい、長生きしたいという執着や煩悩があってこそです。原始仏教では煩悩は滅すべきものですが、大乗仏教では**「煩悩《ぼんのう》即《そく》菩《ぼ》提《だい》」**という思想もあります。「菩提」は幸せや喜び、「即」はそのままで、**「煩悩は、そのまま幸せと一体である」**という意味です。何もせずに幸せになれるという意味ではありません。煩悩による苦しみがあるから、それが喜びに転ずるのです。例えば漫画家になりたい人は、その欲を叶えるために大変な苦労をしますが、苦労の過程も楽しかったりもします。苦しみが楽しみに転じるわけです。煩悩（苦しみ）がなければ菩提（幸せや喜び）もないのです。欲に振り回され心身のバランスを崩せば、煩悩は苦しみでしかありませんが、人生の目標を生み出す意欲になれば、努力や成長の糧になります。大切なのは煩悩との付き合い方です。

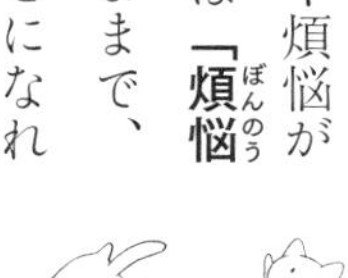

完全に捨てるのは難しいけど

不労所得でずっと健康に恋人やペットと暮らしてーな…
ハ〜…
欲深い…
「執着《しゅうじゃく》」の見本のような願望ですね
うわ…
あらゆる苦しみの原因は執着にあるとされています…
でも…執着が苦しみの原因とはなかなか気づきにくいものです
なんで？
不労所得でずっと健康に恋人やペットと暮らしたいでしょう？
その願いはよくないものと思えますか？
老いたくない死にたくない別れたくない
なんで無理なの？苦しい!!
う…確かに色々欲しいし失いたくねぇ
執着を捨てるのは難しいけれど…
自分の執着が何か知ることで心構えくらいはできますよ
いきなり失うとつらいもんなー…
や〜
ずっと一緒〜

執《しゅう》着《じゃく》

「執着《しゅうちゃく》」は物や事物に固執してとらわれ、離れられないことを言いますが、仏教でも同じような意味で使われ、**あらゆる苦しみは人間の「執着《しゅうじゃく》」が原因である**とされています。「生老病死《しょうろうびょうし》」について何度か書きましたが、老いたくないとか死にたくないと思うのも、若さや生への「執着」です。捨てられればあらゆる苦しみから解放されますが、普通に暮らしていると、「執着」が苦しみの原因だと気づくことが難しいと思います。なぜなら人はどこかで執着を良いものだと錯覚しているからです。綺麗なものを見て美味しいものを食べて、素敵な恋人や可愛いペットと暮らす。執着が強いほど楽しさも増し、その経験を重ねると執着をよいものだと感じてしまいます。でも、冷静に考えれば、永遠に美しい場所はないし、美味しいお店が潰れたり、恋人が離れていったり、ペットは人より寿命が短いものです。それでも失いたくないし失うと苦しいと思う、それが「執着」です。ですから、普通に生活しながら「執着」を完全に捨てるのは無理だと思うのです。しかし、執着を小さくしていくことはできます。そして自分の「執着」が何かを知れば、現実との認識のずれを補い、失うことへの心構えをして、「執着」による苦しみを和らげることができるかもしれません。

菩薩の名前

今日はもう仕事で疲れちゃった…
残業つづき…
ハーー…
大丈夫?
大丈夫?
そんな「大丈夫」も仏教語です
大丈夫は梵語で「偉大な人間」や「偉大な男性」のことを言い…
マハー・プルシャ(梵語)
マハー…「偉大な」
プルシャ…「人間・男性」
それが転じて菩薩のことを指すようになりました
仏の十号《じゅうごう》という十種のお釈迦《しゃか》様の呼び名があるのですが…
その中の一つ調御丈夫《じょうごじょうぶ》は…
まるで荒馬を調教するように…
どんな人でも仏道へ導き救済!!
人を導くことに巧みな人という意味です
中国では立派な成人男性を「丈夫」と讃え…
それに尊称の大をつけて菩薩を「大丈夫」と呼びました
安心や確かさを表す語なのは丈夫で健康な意味からですね
へぇぇぇ

大《だい》丈《じょう》夫《ぶ》

誰しも一度は**「大丈夫」**という言葉を使ったことがあると思います。現在では、問題がない状態やあぶなげないこと、また、「大丈夫」と言われれば、心強さや頼りがいを感じます。そんな「大丈夫」も仏教語です。梵語では**マハー・プルシャ**と言います。マハーは「偉大な」、プルシャは「人間・男性」という意味で、つまり**「偉大な人間、偉大な男性」**のことを言い、**それが転じて「菩薩」のことを指すようになりました。**「仏の十号《じゅうごう》」というお釈迦《しゃか》様を意味する十種類の呼び名があるのですが、その中に**「調御《じょうご》丈夫《じょうぶ》」**という呼び名があります。**まるで御者（馬を操る人）が荒馬を調教するかのように、どのような救いを求める人であっても、上手く仏道へ導き救済する、「人を導くことに巧みな人」**という意味です。

ちなみに、中国では成人した立派な男性を「丈夫」と讃え、それに尊称である「大」をつけて、菩薩を「大丈夫」と呼ぶようになったそうです。その「大丈夫」が「立派な男子」という意味で日本に伝わり、「非常に強くてしっかりとして健康である」ことから、「間違いない、確かである」という意味で使われるようになりました。伝わり方は違っても、安心や心強さを覚える意味に転じていったのは、やはり、「大丈夫」が菩薩を表す言葉だからなのかもしれません。

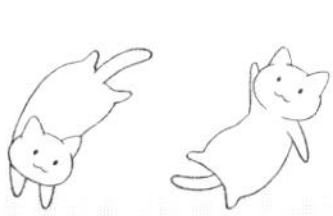

教えに出会えるのは…

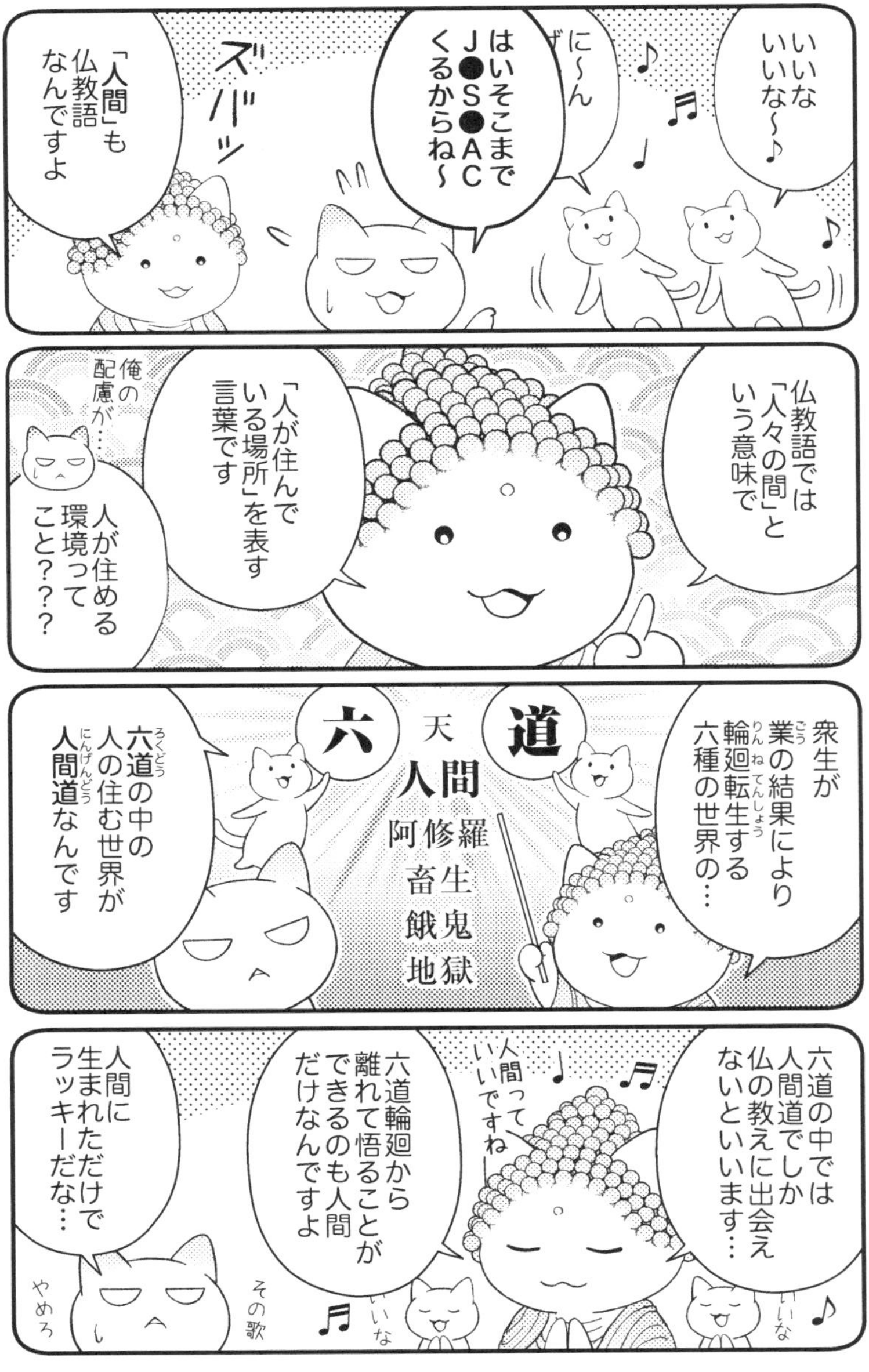

いいな いいな〜♪
に〜ん
はいそこまで J●S●AC くるからね〜
ズバッ
「人間」も仏教語なんですよ
仏教語では「人々の間」という意味で
「人が住んでいる場所」を表す言葉です
人が住める環境ってこと？？？
俺の配慮が…
衆生が業《ごう》の結果により輪廻転生《りんねてんしょう》する六種の世界の…
六道
天
人間
阿修羅
畜生
餓鬼
地獄
六道《ろくどう》の中の人の住む世界が人間道《にんげんどう》なんです
六道の中では人間道でしか仏の教えに出会えないといいます…
人間っていいですね〜
六道輪廻から離れて悟ることができるのも人間だけなんですよ
いいな
いいな
その歌
人間に生まれただけでラッキーだな…
やめろ

人《にん》間《げん》

「人間」は仏教語では「人々の間」という意味で、**「人が住んでいる場所」**を表す言葉です。「六道《ろくどう》」の「地獄、餓鬼《がき》、畜生《ちくしょう》、阿修羅《あしゅら》、人間、天」の「人間」が人の住む世界です。それがやがて個人を表す「人」と同じ意味になったといいます。ちなみに漢文での読みは「じんかん」で、これを「にんげん」と発音するのは、もとが仏教語だからです。仏教語の多くは「呉音《ごおん》」という音読みで読むものが多く、例えば「人」という字は、訓読みが「ひと」、音読みが「漢音」の「ジン」と「呉音」の「ニン」です。なぜ「ニン」の方が「呉音」かというと、読み方にナ行とザ行で始まる音読みが二つある文字は、ナ行が「呉音」でザ行が「漢音」という法則があるからです。また、同じ行の濁音と（ガ行・ザ行・ダ行・バ行）清音の（カ行・サ行・タ行・ハ行）音読みが二つある文字は、濁音が「呉音」で清音が「漢音」です。「間」は「ゲン・カン」と同じ行の濁音と清音の二つの音読みがあるので、「ゲン」が「呉音」で「カン」が漢音、「人間」を呉音で読むと「ニンゲン」なのです。六道の中では人間の世界でしか仏の教えには出会えず、六道輪廻から離れ悟ることができるのも人間だけだといいます。人間に生まれたことに感謝して、今を大切に生きねばと思います。

心にも線引き

「結界」とは聖なる場所と俗なる場所をわける境目です
バリアー
結界ごっこ〜
ここから先結界ね〜
聖
俗
ギ〜
あれ？俺ナチュラルに俗なる方にわけられた？
仏教での結界は修行の妨げになるものが入ることが許されない…
区切られた空間領域のことを言います
バリアー
バリアー
バム
バム
俺…修行の邪魔してる？
お寺に行くと入れない場所に木の柵があるでしょう？
内陣《ないじん》
結界
結界
結界
外陣《げじん》
御本尊のある僧侶のみ入れる奥の空間が内陣で
一般の人がお参りする場所が外陣です
お寺の入り口の山門の横木や石も結界ですよ
結界
バリアーッ
俺だけ仏門に入ってないから外陣なのか…
まぁ線引きは親しい仲でも大事だよ

結《けっ》界《かい》

「結界」とは、梵語のシーマバンダの漢訳で、**秩序や聖性を維持するために、ある一定の地域を区切ること**を意味します。簡単に言うと、聖なる場所と俗なる場所をわける境目のことです。女人の出入りを禁じる女人結界などは有名ですよね。山岳信仰では女人禁制の山があり、富士山も江戸時代くらいまでは女人禁制だったそうです。大相撲の土俵も女人禁制です。仏教での「結界」は、修行の妨げになるものが入ることが許されない区切られた空間領域のことを指します。また、寺院の境内の中の内陣《ないじん》と外陣《げじん》の中間や、外陣の中の僧侶と一般の人々の座る席を分ける為に設けられた木柵を「結界」と呼びます。よくお寺の本堂の中の入っちゃいけない場所に木の柵がありますよね、あれが「結界」です。ちなみに内陣は御本尊を安置している奥の空間で、外陣は一般の人々がお参りする場所のことです。お寺の入り口の山門の足元のつまずきそうな木の段差の横木も「結界」です。寺院によっては石を置くところもあります。人により入れない場所があったり段差で区切るのは、差別ではないかと言われそうですが、誰にでも侵されたくない聖域はありますし、自分の立ち位置や、相手の守りたいものに踏み込んでいないか、「心の結界」を意識することで気づけることも多いのではないでしょうか？

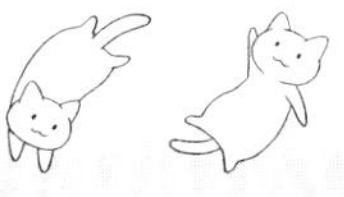

それが何かを知ることが大切

書類制作に四苦八苦したわ…
力作…
ハーー…
それは大変な苦労をされましたね…
かわいそう〜
とても苦しかったねー
え？それほどでは…
「四苦八苦」は人が生きる上で避けて通れない苦しみです…
～人の苦しみリスト～
・愛別離苦　あいべつりく
愛する者と別れる
・怨憎会苦　おんぞうえく
恨み憎むものと会う
・求不得苦　ぐふとくく
求めるものを得られない
・五陰盛苦　ごおんじょうく
心身を制御できない
図の四つに生老病死《しょうろうびょうし》の四苦を加えて八苦です
嫌なリストだな…
お釈迦《しゃか》さまは一切皆苦《いっさいかいく》という教えの中で…
「苦」は、ただ苦しいということではなく…
「思い通りにならない」苦しみ…
人生は思い通りにならないことばかりだという真理を説いてます
四苦八苦は少し大袈裟だったかも…
反省…
言葉の意味を知ると安易に使えねぇな…
フフッ
ほどほどに…気にし過ぎると苦が増えてしまいますよ

四《し》苦《く》八《はっ》苦《く》

「四苦八苦」という言葉は、現状のつらさや切羽《せっぱ》つまった様子を表すときに用いられますが、本来は仏教語です。「四苦八苦」は、**人が生きる上では避けては通れない苦しみのこと**を言います。まず四苦ですが、これは「生老病死《しょうろうびょうし》」のことです。「生まれること、老いること、病むこと、死ぬこと」から、人は逃れることができません。それに加えて、愛する者と別れる苦しみである「愛別離苦《あいべつりく》」、恨み憎むものと会わなければならない「怨憎会苦《おんぞうえく》」、求めるものを得ることができない「求不得苦《ぐふとくく》」、心や体のコントロールができない「五陰盛苦《ごおんじょうく》」の四苦をあわせて八苦となります。お釈迦《しゃか》様は「一切皆苦《いっさいかいく》」で、人生は思い通りにならないことばかりだという真理を説いています。仏教での「苦」はただ苦しいということではなく、「思い通りにならない」苦しみです。今の時代って、四苦八苦以外の新たな苦しさもたくさんあると思います。「ＳＮＳでバズらなくて承認欲求が埋まらない苦」なんかもあるかもしれません。注目を得るために犯罪を犯す人もいるくらいです。だからこそですが、自分にとって何が「苦」かを知るのも大事なことだと思います。何で苦しいのかわからなければ心構えもできませんし、原因がわかることで対処できることはたくさんありますから。

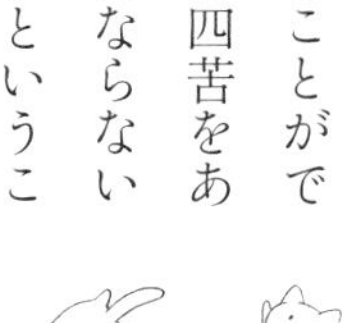

「道《みち》」って色々な意味があるよね その辺の道も道って言うし
あ…これうまそー
料理道☆
なんか極めるとその道のプロとか言うし
仏教でも「道《どう》」にはさまざまな意味がありますよ
まず「仏道」は仏となるべき「道」のことです
そして「六道《ろくどう》」は人が死んだ後で生まれ変わる六つの世界です
仏道
六道
天《てん》
人間《にんげん》
阿修羅《あしゅら》
畜生《ちくしょう》
餓鬼《がき》
地獄《じごく》
六道は漫画とかでも聞くな〜
「道を間違える」とは…
六道の地獄に堕ちるような過ちを犯すことです
うわぁぁぁぁぁぁぁぁ
地獄に堕ちるととんでもない苦難の道が待ってます
こえぇなぁ…
ちなみに一番浅い地獄に堕ちても九千万年以上苦しみを受けます
うわぁぁぁぁ
え…なにそれ怖い…
プル
プル
道間違えないように気をつけよ…
引きっ

道《どう》

「道《みち》」には通行するための所という意味と、学問や技芸など、専門分野でのそれぞれのやりかたという意味があります。「その道のプロ」と言えば、専門分野で何かのやりかたを極めた人のことです。仏教で言う**「道《どう》」**にも様々な意味があります。**仏となるべき「道」**を**「仏道」**と言います。仏教語の「道」について調べると、一番たくさん出てくるのは**「六道《ろくどう》」**でしょうか。この本でも、度々「六道」の名前が出てきます。「六道」とは、**人が死んだ後で生まれ変わる六つの世界のこと**です。人は生前の行いの結果により「地獄道《じごくどう》・餓鬼道《がきどう》・畜生道《ちくしょうどう》・修羅《しゅら》（阿修羅）道《どう》・人間道《にんげんどう》・天道《てんどう》」のどこかに生まれ変わり、「六道輪廻《ろくどうりんね》」によって生まれ変わりを繰り返します。その六道輪廻を離れて浄土に生まれることを「解《げ》脱《だつ》」と言い、これこそが仏教の目的で、浄土は悟りの世界です。「六道」では、それぞれの世界での寿命があり、一番浅い地獄に生まれても、九千万年以上の苦しみを味わうことになります。「道を間違える」という言葉がありますが、六道の地獄に堕ちるような過ちを犯すことで、とんでもない苦難の道が待っていると思うと、できるだけ言動に気をつけ、善い行いをして、正しい道を選んで歩んでいきたいものです。

このうえない喜び

もうすぐお盆か…墓参りどうしようかなぁ…
地方は混みそうだな…
お盆の正式名称を知ってますか？
お盆じゃないの？
「盂蘭盆会《うらぼんえ》」と言います
梵語の「ウランバナ」のことで
浄土真宗では盂蘭盆会を「歓喜会《かんぎえ》」とも言います
菩薩の修行のはじめの地を「歓喜地《かんぎじ》」と言うのですが…
すべての人が平等に仏になれる…!!
ハッ
これは菩薩がはじめて真理を悟り…
このうえない喜びに包まれる境地のことを言います
真理
確信
お盆での供養は苦しみの世界へ堕ちたご先祖様を救うそうです
今生を生きる人も幸福を得るとされてますよ
墓参り行ってくるかな…

歓《かん》喜《ぎ》

「歓喜」は喜びを意味しますが、これも仏教語です。「歓喜」は梵語プアムディターの漢訳で**「かんぎ」**と読み、宗教的な喜びのことを言います。**お釈迦《しゃか》様の教えを聞いたり信心したりすることで、死後、浄土《じょうど》（仏国土《ぶっこくど》）にいけることがわかったとき、深く感動して身も心も喜ぶ状態**になります。これが「歓喜」です。「盂《う》蘭盆会《らぼんえ》」という言葉を耳にしたことはありませんか？「お盆」の正式名称です。旧暦七月十五日を中心に十三日～十六日に行われる仏教行事で、大勢の人で祖先を供養することで苦しみの世界へ堕ちたご先祖さまを救い、今生を生きる人も幸福を得られるとされています。盂蘭盆会は梵語の「ウランバナ」のことで、浄土真宗では、盂蘭盆会のことを「歓喜会《かんぎえ》」とも言うそうです。また七月十五日のお坊さんたちの修行が終わった日を「歓喜日」と言うとのことです。菩薩の修行の五十二段階のうち、第四十一位から五十位までの階位を「十地《じゅうじ》」というのですが、その菩提の十地の初めの地は「歓喜地《かんぎじ》」で、これは菩薩がはじめて真実が何かを明確に体得し、すべての人は平等に仏になれるとの確信を得て、このうえない喜びに包まれる境地のことを言います。もし菩薩のように、すべての人の救いを願うことができたら、世界はもっと平和になるのかもしれません。

調子に乗るといいことない

職場ですぐ調子にのって自慢話ばっかりする奴いてさ…
ハァ…
うんざり…
「有頂天」になっているのですね
仏教の「六道《ろくどう》」の世界の話は覚えてますか？
六道の中で一番高い「天」には…
「欲界《よっかい》」に六天「色界《しきかい》」に十七天「無色界《むしきかい》」に四天
有頂天
悲想非非想天
無色界(四天)
色界(十七天)
欲界(六天)
天
界
計二十七の天界があり
有頂天はこの三界《さんがい》の最上位の「悲想非非想天《ひそうひひそうてん》」のことです
しかしどんなに上り詰めても六道はまだ迷いの世界の中…
天に登ったと得意になっていると…
うわぁぁぁぁぁぁぁぁぁぁぁ
また落ちた
落ちることあるの!?
天から地獄に滑り堕ちることもあります
そんなわけで有頂天になるという言葉には
調子に乗ると痛い目に遭う…戒めの意味を含んでます
うわ…気をつけよ…

有《う》頂《ちょう》天《てん》

褒められたり嬉しかったりして得意の絶頂になったり、何かに熱中して周りの存在を忘れてしまうことを「有頂天になる」と言います。仏教には「業《ごう》」の結果として輪廻転生《りんねてんしょう》する六つの世界があり、それを「六道《ろくどう》（地獄、餓鬼《がき》、畜生《ちくしょう》、阿修羅《あしゅら》、人間、天）」というのですが、その中で一番高い「天」には、「欲界《よっかい》」に六天、「色界《しきかい》」に十七天、「無色界《むしきかい》」に四天、計二十七天の天界があります。**「有頂天」**は、この**「欲界・色界・無色界」の三界《さんがい》の最上位に位置する、「悲想非非想天《ひそうひひそうてん》」のこと**を言います。すべての世界の頂点に有るのが「有頂天」なのです。しかし、どんなに登りつめたとはいえ、六道はまだ悟りの世界ではありません。迷いの世界の中です。だから「有頂天になる」という言葉は、天から地獄に滑り堕ちることもあるように、天にも昇る気持ちで得意になって油断すれば、痛い目に遭うという戒めの意味を含んでいるのです。人間は上手くいっているときほど調子に乗ってしまうものですが、今までの人生の出会いの中で「この人は素晴らしい」と尊敬する人ほど、どんなに成功しても自慢をしたり得意になったりせず、誰に対しても謙虚で努力を怠りませんでした。有頂天になれば他人や自身の心の弱さに足を掬《すく》われることもあると、常日頃から心がけていらしたのかもしれません。

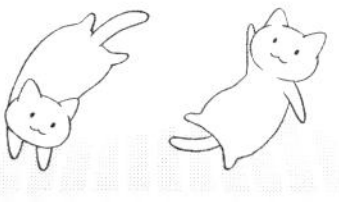

迷いから覚めて真理を悟る

今月の通信料覚悟しておかないと…
うえっ
「覚悟」も仏教語です
日常語とは大分違う意味で使われますが…
仏教での覚悟は…
迷いから覚めて真理を悟ることなのです
すごく壮大な意味だった
「覚」も「悟」も「さとる」という意味があります
覚者
例えば…「覚者《かくしゃ》」と言えば…
「悟りを得た人」「目覚めた人」で仏陀《ぶっだ》のことです
なんで今は諦める意味もあるんだろ？
「諦《たい》」にも「真理」などの意味があるからかもしれません
「諦める」は「明らむ」で「明らかにする」なのです
こっちも深い意味だった

覚《かく》悟《ご》

「覚悟」は日常では重大な決心をしたり、諦めたり観念することなどに使いますが、「覚悟」も仏教語で、**真理を悟り迷いから覚めたり智慧《ちえ》を得ること**を言います。梵語のジャーガラで「目覚める」という意味です。「覚」は仏教ではとても重要な言葉で、「覚」にも「悟」にも「さとる」という意味があります。たとえば「覚者《かくしゃ》」と言えば「悟りを得た人・目覚めた人」である仏陀《ぶっだ》のことです。悟るというのは大変なことですから、決意や決心の意味で一般に用いられるようになったのも納得がいきます。でも、なぜネガティブな「諦め」の意味もあるのでしょう？　これは「諦《たい》」という言葉に、「真実を明らかにする・悟る」という意味があるからかもしれません。「諦める」の語源は「明らむ＝明らかにする」で、お釈迦《しゃか》様も苦を克服するための真理として、「苦諦《くたい》・集諦《じったい》・滅諦《めったい》・道諦《どうたい》」の四つを「四諦《したい》」としてあげています。「諦」により偏見や思い込みを捨て、ありのままに見たり知ったりすることができるのです。そんなわけで、仏教では「覚悟」は迷いからさめて真理を悟ることとして使われます。原因や真実を明らかにすれば迷いも減るし、対策をたてることもできるので、「覚悟」という言葉を使うときは、こういう意味もあると思い出してみてください。

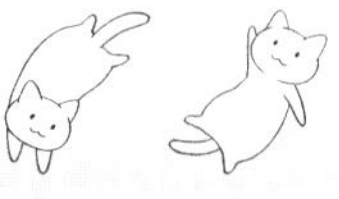

すべては存在していない

色即《しきそく》是《ぜ》空《くう》〜
空即《くうそく》是《ぜ》色《しき》〜
色《しき》とか空《くう》って何のこと？
「色」はこの世のすべての事物や現象のことです
「空」はこの世のすべてのものは因縁により起こるもので…
空
実体性はなくすべては存在していないという意味があります
実体性がない？
例えば…水を冷やすと氷になり溶けると水になります
因縁
原因 水
条件 冷やす
結果
氷
実体性がない!!
水
氷
原因と条件と結果によって在り方や見方が変わるから
実体性がないこれが「空」です
ゲームに(原因)課金したら(条件)貯金が減る(結果)これも空かな？
空だから仕方ない…
それはただの消費です
ダメな大人〜
空《くう》を知る前に貯金が空《から》になりますよ
わぁ〜

空《くう》

「空」は梵語シューニャターの漢訳で、「すべてのものには実体性がない」という意味です。仏教において「空」はとても重要な言葉で、**「この世にあるすべてのものは因縁《いんねん》により起こるもので、実体性はなく、すべては存在していない」**とされています。「因縁により起こる」とは、「原因と条件と結果によって起こる」という意味です。「実体性がなく、すべては存在していない」は、「変化が極まりないから実体性がないと考える」でしょうか。例えば、氷って水を冷やすことでできます。原因が水で条件が冷やすこと、凍った結果が氷です。凍ることで水だったものの呼び名が氷に変わります。でも溶けるとまた水になるんです。じゃあ水と氷は同じものかというと、氷が欲しい時に水を出されたら「水じゃなくて氷をください」って思いますよね、でも氷はいずれ溶けて水になるので、氷という存在のままで居続けることはできません。つまり、「原因と条件と結果」によって在り方や見方が変わるから、「実体性がない」んです。これが「空」です。この世に起こる物事のすべては因縁により起こるもので、実体性がないから、単独で変化せずには存在できないのです。煩悩《ぼんのう》による苦しみから逃れるためには、錯覚が錯覚であることに気づく「空」の考え方が大切なのだと思います。

自分にとっての安心を知る

給料が安いと安心して暮らせねぇ…
ガチャも回せねぇ…
仏教の信仰や教えで心が安らぎ恐怖や不安から解放され…
ガチャをやめたらどうでしょう？
不動の境地に達することを「安心《あんじん》」と言います
安心するための方法は宗派によりますが…
坐禅《ざぜん》
観心《かんじん》
止観《しかん》
信仰の他に精神集中により不動の境地を目指します
坐禅しかわかんねぇな
「観心」は自分の心の本性をよく観察すること
またガチャのことを考えてる!!
観心
止観
この考えを止める…!!
「止観」は心を静め一つの対象に集中すること
自分にとって何が安心か理解しないと
何がどれだけ満たされても安心できないと思いますよ
あー…確かに…
まずは無駄遣いをやめるか…
給料上がってもその分使ったら不安なままだ…

安《あん》心《じん》

心が落ち着いて心配のない状態を「安心《あんしん》」と言いますが、仏教では、**仏教の信仰や教えにより心が安らぎ、恐怖や不安から解放され、不動の境地に達することを「安心《あんじん》」**と言います。「安心立命《あんしんりつめい》」や「安心決定《あんじんけつじょう》」という言葉がありますが、意味は同じで、安心立命は心を安らかにして天命に身を任せ、どんな場合にも心が動じないこと、安心決定はひたすら信じて疑わないことです。仏教で言えば仏様の救いを信じて疑わないことです。安心するための方法は宗派によりますが、信仰の他に自己への精神集中（坐禅《ざぜん》・観心《かんじん》・止観《しかん》）によってその境地を目指します。坐禅は説明する必要はないと思いますが、観心は自分の心の本性をよく観察すること、止観は心を静めて一つの対象に集中することで、どちらも切り離せない関係です。日常でも集中しないと…というときは、自分の頭の中のものごとをまとめるためにじっくりと考えたり、観察する必要がありますよね。それでわからなかったことや、ごちゃごちゃとしていた気持ちがまとまると、スッキリとします。仏教の教えを実践して安心するのって、心理学の本を読むことで、「こうするといいのか」と不安が解けて安心するのに近いかもしれません。安心は多い方がいいので、ときには自分の気持ちや人の教えに耳を傾けるのもよいと思います。

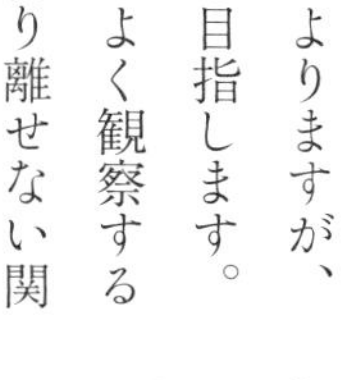

大乗仏教と上座部仏教

お釈迦《しゃか》様の没後、仏教の原始教団は多くの部派に分裂しました。大きく分けて「上《じょう》座《ざ》部《ぶ》仏教」と「大乗《だいじょう》仏教」の二つがあります。最も厳格に戒律《かいりつ》を守り、伝統を継承しようとしたのが上座部仏教で、信仰の対象はお釈迦様のみです。上座部仏教では、出家して悟りを開いた者だけが救われるとされています。「小乗《しょうじょう》仏教」と呼ばれることもありますが、これは、ごく限られた人しか救われないことに対し、「少人数しか乗れない乗り物」にたとえた蔑称なので、今ではほとんど使われていません。大乗仏教では、すべての人々が悟りを開いて救われるとされています。お釈迦様をはじめ、如来《にょらい》や菩薩や明王など、たくさんの尊格が信仰対象です。なぜ「大乗」かというと、自分だけでなく、すべての人を救うのが目的だから「大きな乗り物」なのです。日本で信仰されている仏教のほとんどが大乗仏教です。古いものから順に、「法相宗《ほっそうしゅう》、華《け》厳《ごん》宗、律《りつ》宗、天台《てんだい》宗、真言《しんごん》宗、浄土《じょうど》宗、浄《じょう》土《ど》真《しん》宗、時《じ》宗、臨済《りんざい》宗、曹洞《そうとう》宗、日蓮《にちれん》宗、黄檗《おうばく》宗」など、十三宗五十六派の宗派があります。それぞれの宗派で教えや信仰対象、お経や作法が違います。

三章

仕事の中にも仏様の心

立派な自分で居るために

今日は上司の機嫌が最悪だったわ…
フー…
「機嫌」は戒律のことなんだよ～
譏《き》嫌《げん》
ずっと昔は「譏《き》嫌《げん》」って書いたの～
そうなの？
うんうん
「譏《き》」は「そしる」で非難すること「嫌《げん》」は「疑う」
息《そく》世《せ》譏《き》嫌《げん》戒《かい》
世間からお坊さんが機嫌悪く思われることを息めさせる戒め
正しくは「息《そく》世《せ》譏《き》嫌《げん》戒《かい》」という戒律のことでした
お釈《しゃ》迦《か》様の時代お坊さんは修行に専念するために働くのは禁止で…
生活はすべてお布施頼りだったので
その罪来世まで!!
気をつけよう飲酒・飲食その言動!!
注意一秒誤解永劫!!
戒律を守り立派な人間で居続ける必要があったんです
あー…働かずに養われてる身で素行悪かったらムカつくよな…
生活はすべてお前らのお布施から
働いたら負けだと思っている
伝道者への尊敬なくして教えも心に響きませんから

機《き》嫌《げん》

「機嫌」は今では気分や体調を表す言葉ですが、古くは**「譏嫌《きげん》」**と書き、**戒律《かいりつ》のこと**でした。「譏《き》」は「そしる」で非難すること、「嫌《げん》」には「疑う」という意味があります。正しくは**「息世譏嫌戒《そくせきげんかい》」**と言い、**世間からお坊さんが譏嫌《きげん》悪く思われるのを息《や》めさせるための戒律のこと**でした。お釈迦《しゃか》様の時代は、お坊さんは修行に専念する必要があったので働くことは禁止で、生活はすべてお布施に頼らねばなりませんでした。今の時代でもそうですが、もし、働かずに人に養われている人が悪事を働いたり誤解を招く行いをすれば、あっという間に世間から非難されてしまいます。だから罪を犯さないのはもちろんのこと、飲酒や飲食、行動や言葉の慎《つつし》みなど、人が不愉快に思うことをしないようにと戒律を定めたのです。そうでなくては人々から尊敬されたり、祈りを捧げてもらうことはできません。修行を続ける為には立派な人間で居続けることが大事だったのです。日常でも、人の嫌がることをせず相手の気心を察し、自己管理をして、つつましく生きている人は好かれるし、尊敬されると思います。もし、誰かの機嫌を悪くさせてしまったと感じたときは、本来の意味を思い出してみてください。まずは相手の信用を得るために、自分の今を見直すことが大切かもしれません。

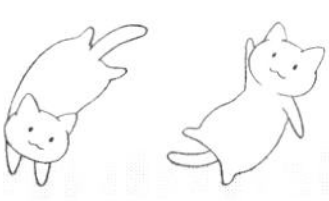

歌舞伎や浄瑠璃の中の仏教語

うぉぉＰＫ戦か！ここが正念場だ!!
ファイトー
ピ
ワァァァ
ツ
「正念場」はもとは歌舞伎や浄瑠璃の言葉で
主人公役の神髄を見せる最も重要な場面のことです
仏にゃん様が仏教以外のウンチクを!?
実は「正念場」の「正念《しょうねん》」が仏教語なんです
「八正道《はっしょうどう》」という教えの一つが「正念」です
やっぱり仏教だった
「正念」は訳や意味が様々なのですがしいていえば…
修行を妨げる雑念や我欲を払い…
〜正念とは〜
思考 思念
思索 信念
意識 記憶
留意 思慮
心
多い!!
仏道を思い念じることで正しい真理を思うことを言います
そこから正気が必要な場面を「正念場」と言うようになりました
あ…勝ちましたね
「性根《しょうね》場《ば》」も仏教語の「性根」からきてます
あっ
見逃した!!
ピーッ
仏教→演劇用語→日常用語って感じなのか〜

正《しょう》念《ねん》場《ば》

「正念場」とは、ここぞという重要な場面や局面のことを言いますが、もとは歌《か》舞《ぶ》伎《き》や浄瑠璃《じょうるり》の言葉で、主人公の役柄の神髄を見せる最も重大な場面のことです。「性念場《しょうねんば》・性根場《しょうねば》」とも書きます。仏教語はこのうちの**「正念《しょうねん》」**の部分です。**悟りに至るための「八正道《はっしょうどう》」という教えの一つ**が「正念」で、他に、「正見《しょうけん》（見解）」「正思惟《しょうしゆい》（思考や思索）」「正語《しょうご》（言葉）」「正業《しょうごう》（行為）」「正命《しょうみょう》（生活）」「正精進《しょうしょうじん》（努力）」「正定《しょうじょう》（瞑想や精神集中）」があります。「正念」は訳し方や意味が様々で、「正思惟」と同じ「思考や思念」であったり、他にも「思索・信念・心・意識・記憶・留意・思慮」など…。しいていえば「思い」とか「正しい思念を持つこと」でしょうか。修行の邪魔となる我欲や雑念を払い、仏道を思い念じることで、正しい真理を思うことが「正念」です。そこから正しい心や正気が必要な場面を「正念場」と言うようになりました。そんなわけで、仏教に「正念」という言葉はありますが「正念場」という言葉はありません。「正念場」は歌舞伎から生まれた言葉です。冒頭に書いた「性根場」の「性根」も仏教語なので、日常語に仏教語が潜んでいるように、歌舞伎や浄瑠璃の世界にも仏教語がもとになる言葉がたくさんあります。覚えておくと舞台を見るのがまた少し楽しくなるかもしれません。

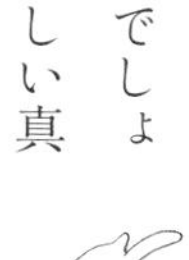

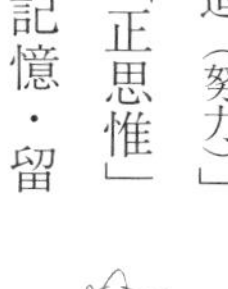

悪い所をなくす、善い所を増やす

精進ってやっぱ仏教語？精進料理とかあるし
おいしそう〜
ええ
お経の中にもたくさん出てくる言葉ですよ
お釈迦《しゃか》様の伝えた六つの彼岸に達する方法である
六波羅蜜
布施
持戒
忍辱
精進
禅定
智慧
「六波羅蜜《ろくはらみつ》」の四番目の教えは「精進」ですし…
仏教の実践修行である「八正道《はっしょうどう》」の六つ目の教えは「正精進《しょうしょうじん》」です
正見
正思惟
正語
正業
正命
正精進
正念
正定
正しさとは…
何か…
「正精進」における努力とは…
悟りへの道を妨げる悪を断ち…
悟りへの道を進める善を励むことです
まだしていない悪いことはしない今持っている悪い所をなくす
まだしていない善いことを始める今持っている善い所を増やす…
ゴミが落ちてる
ゴミ箱へ…
そういう努力は日常でも大事だよな〜

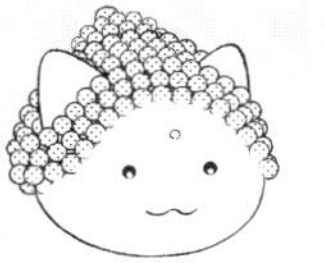

精《しょう》進《じん》

「精進」とは、一般的には懸命に努力することを言いますが、梵語のヴィーリヤの漢訳で、意味は「勇敢さ」や「悪を断つためのたゆまぬ努力を続けること」です。仏教ではお経の中で「精進」という言葉がたくさん出てきます。お釈迦《しゃか》様の伝えた六つの彼岸に達する方法である「六波羅蜜《ろくはらみつ》」のうちの四番目が「精進」で、ここでは**「努力」**を指します。俗縁を断って仏道に入り仏教を学び目標を達成するには、勇気や継続するための努力が必要なのです。お釈迦様は正しい努力が何で、何を頑張ればいいのかを、仏教の実践修行である「八正道《はっしょうどう》」の六つ目、**「正《しょう》精進《しょうじん》」**の中で定められています。「正精進」における努力とは、**「悟りへの道を妨げる悪を断って、悟りへの道を進める善を励むこと」**です。具体的には「まだしていない悪いことはしない」「今もっている悪いところをなくす」「まだしていない善いことを始める」「今もっている善いところを増やしていく」です。これを「四正勤《ししょうごん》」と言います。「悪いことはしない、よいところは伸ばす、努力が大事、続けることが大切」って、今の日常でも言えることですよね。「精進」って仏教修行に限らず、毎日をつつがなく、幸せに暮らしていくためにも必要なことなのだと思います。

この世に出現した仏様

もっと出世して稼ぎたいな…
給料やっす…
「出世」は仏教語の「出世間《しゅっせけん》」の略語です
世間や世俗から離れた仏道のことを言います
「世間」は梵語で「世の中や迷いの世界」…つまり世俗世間を意味し
世の中…
救っちゃいますか☆
たすけてー
苦し～
救って～
「出世」は仏教では衆生を救うためにこの世に仏が出現し…
悟りを開き人々を導くという意味があります
そして…俗世を離れた仏が衆生を救うために…
再び世俗に出ることを…「出出世間《しゅつしゅっせけん》」といいます
浄土
再び…
世の中…救っちゃいますか☆
たすけてー
苦し～
わ～
俗世
え!?せっかく悟って俗世を出られたのに戻るの?
もともと衆生を救うためにこの世に出現してますしね
ありがたやありがたや…
仏様…優しすぎだろ…
うわぁ…
足引っ張らねぇようにしたいなぁ…

出世《しゅっせ》

「出世」とは仏教語の**「出世間《しゅっせけん》」**の略語です。**世間や世俗から離れた仏道のこと**を言います。仏道を目指す人や僧侶のことを「出世者《しゅっせしゃ》」と呼び、「出世間」や「出世者」が略されて「出世」と言われるようになりました。「世間」は梵語のローカの訳で、「世の中や迷いの世界」のことです。つまり、「世俗世間《せぞくせけん》」のことです。「出世」は仏教では、「衆生を救うためにこの世に仏が出現して悟りを開き、人々を導く」という意味があり、そこから、僧侶がしかるべき僧位についたり、大きなお寺の住職になることを「出世」というようになりました。それが転じて一般的に会社や組織の中で成功して然るべき地位や肩書がつくことも「出世」と言うようになったそうです。ちなみに、俗世を離れた仏が衆生を導くために、再び「出世間」から世間や世俗に出ることを「出出世間《しゅつしゅっせけん》」というそうです。仏教では世間や世俗から離れて仏道に入ることで出世するのに対して、今の時代では世間や世俗に入っていくことで出世という道に入るのですから、なんか面白いですよね。もし職場で出世することばかりにこだわって人間関係や物事がうまく回らないときは、本来の「出世」の意味を思い出してみるのもいいかもしれません。迷いがある場所を出れば、気持ちが救われることもたくさんありますから。

工夫次第で人生が変わる

この企画じゃイマイチ工夫が足りないな…
んー…
お茶～
お疲れ様です
「工夫」は元々土木工事などの労役に従事する夫のことです
「くふう」と読むのは「人夫工手間」を略したもので
「職人の作業をする時間や手間」という意味があります
学者のように日々心を養い道を修めることも工夫とされます
それが…禅の修行の意味で用いられるようになりました
ひたすら坐禅!!
禅集中の坐禅
ツ
カ
仏道修行に勤め心身を鍛える!!
あー…これ…長男だから頑張れた系の苦行だわ
仏教語での工夫とは…
フフッ
ぜん
しゃーちゅー
常に努力して仏道修行に励み思念をこらすことなのです
いちのかたー
その全集中はやめなさい…
工夫次第で人生変わりそうだな…

工《く》夫《ふう》

「工夫」は、今ではあれこれと考えて良い方法を得ようとすることや、考えついた方法のことを言いますが、もともとは土木工事などの労役に従事する夫のことで、「こうふ」と読みました。「公夫」や「功夫」とも書かれます。「くふう」と読むのは「人《にん》夫《ぷ》工《く》手《で》間《ま》」を略したもので、意味は「職人の作業をする時間や手間」のことです。学者のように日々心を養《やしな》い道を修めることも、同じように「工夫」だとされています。それが、ひたすら坐禅《ざぜん》や仏道修行に勤め心身を鍛える禅の修行の意味で、用いられるようになりました。禅宗では、「工夫」は、**「思考・思惟《しゆい》すること」「修行に精進努力すること」「禅定《ぜんじょう》すること」**とされています。思惟とは、「心を集中させて考えをまとめることや思考すること」です。禅定は「心静かに坐禅をして心理を観察し、心が動じなくなった状態のこと」です。仏教語での「工夫」とは、**「常に努力して仏道修行に励み思念をこらすこと」**なのです。それにより雑念から逃れることができます。日常生活でも、雑念から逃れるように苦難から逃れるために、工夫して生きてみるといいかもしれません。よく考えて心を落ち着けて、努力を続ければ、物事はなにかしらの形に変化します。工夫次第で道が開ける気がします。

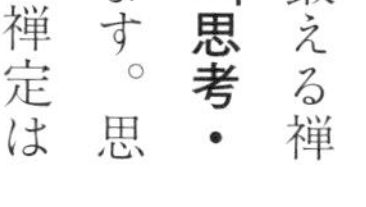

師匠と弟子の禅問答

ちーす
こんにちわ
人に会ったり別れのときに交わす「挨拶」ですが…
「挨拶」も仏教語です
ずいっ
近くない？
挨拶の「挨」には「おす」「せまる」という意味があります
そして「拶」にも「せまる」「切り込む」という意味があります
近い近い
師匠が弟子の悟りを推し量るために軽く問題を出し…
弟子は自分の悟りを示そうと精一杯答える
つまり…「挨拶」は禅問答のことなのです
近いっ!!

挨《あい》拶《さつ》

日常で、人に会ったときや別れのときに交わす動作や言葉のことを**「挨拶」**と言いますが、「挨拶」も仏教語です。挨拶の**「挨《あい》」**には**「おす」「せまる」**という意味があり、**「拶《さつ》」**にも**「せまる」「切り込む」**という意味があります。**師匠が弟子の悟りを推し量るために軽く問題を出し、弟子は自分の悟りを示そうと精一杯の力で答える。**つまり、「挨拶」とは**禅問答のこと**です。このやりとりが押したり迫ったりして見えることから、「挨拶」と呼ばれるようになりました。私たちの日常での挨拶にも、こういった禅問答のような要素が求められている気がします。挨拶では相手や状況を瞬時に見極めて、その場に応じた対応で返さなければなりません。友達なら「久しぶり〜」と手を振る挨拶も、職場なら「お世話になっております」と頭を深く下げる挨拶になるし、初対面か既に面識があるかでも対応は変わります。相手もこちらがどんな挨拶を返すかで、信頼関係やコミュニケーション能力を推し量っているかもしれません。西欧のハグや握手が武器を隠してないことの意思表示だと言われるように、無防備な頭を下げる所作で、相手への敵意がないことを示すこともできます。他者と争わないための知恵としても、挨拶を作法として身につけておいて損はないと思います。

日常にも悟りにも必要

レベル上げめんどくせぇ…根気がいる作業だな…
ハー…
ピロンッ
「根気」も仏教用語です
もとは「根機《こんき》」といい「機根《きこん》」とも書きます
「機根」は仏の教えを聞いて悟りを得るための…
宗教的素質や状態をさす言葉です
宗教的素質？
詳しくは次のページを見て欲しいのですが…
突然の省略
感覚器官フル稼働
六根
眼根
耳根
鼻根
素質
知覚しまくりだぜ!!
舌根
身根
意根
根の優劣が高いと認識する世界がたくさん生まれるんです
四コマで仏教を説明するのは根気がいる作業なのですよ…
フフッ
俺が言うのもなんだけど…
あんま根つめない方がいいと思うよ…

根《こん》気《き》

「根気がいる仕事だ」とか「根をつめる」とか言いますが、**「根気」**も仏教語です。もともとは**「根機《こんき》」**と言い、**「機根《きこん》」**とも書きます。単に「根《こん》」とも「機《き》」とも言います。「機根」は**仏の教えを聞いて悟りを得るための宗教的素質や状態をさす言葉**です。そう言われても「素質って何？　どんな状態？」と思いますよね。「根」は梵語のインドリヤの訳語で、この場合は感覚器官の「眼《げん》・耳《に》・鼻《び》・舌《ぜっ》・身《しん》」の五感《ごかん》を指します。これに「意《い》」を足すと、「眼根・耳根・鼻根・舌根・身根・意根」の六根《ろっこん》になります。六つの感覚器官は、それぞれ「眼根は姿（視覚）、耳根は音（聴覚）、鼻根は匂い（嗅覚）、舌根は味わい（味覚）、身根は感触（触覚）、意根は意識（考える対象）」で「眼の対象の色《しき》・耳の対象の声《しょう》・鼻の対象の香《こう》・舌の対象の味《み》・身の対象の触《しょく》・意の対象の法《ほう》」の「六境《ろっきょう》」を知覚します。六根が六境を知覚することで生まれる「認識」が「六識《ろくしき》」です。つまり根の優劣が高いということは、「認識する世界」がたくさん生まれるということで、それが悟りへの可能性として、宗教的素質や状態を表すようになりました。たくさん仏教語が出てきたので覚えるのにも根気がいりそうです。現在の根気の意味が、「飽きずに我慢強く続ける力」になったのものわかる気がします。

他者の幸せが自分の幸せ

神社の利益って神様が願いを叶えてくれる感じじゃん？
お寺の利益は仏様が願いを叶える感じ？
根本から違いますね
仏教の「利益」は仏様の教えにより恵みや幸せを頂くことです
利益には「自利《じり》」と「利他《りた》」があり…「自利利他」という仏教語があります
自分のためっ!!
自利
修行で得た功徳を自分で受け取るのが「自利」
利他
人のため…
他者の救済のために尽くすことが「利他」です
自利利他の反対は「我利我利《がりがり》」で…「三尺三寸箸《さんじゃくさんずんばし》」という話があります
地獄も極楽も三尺三寸の箸で食事をとるのですが…
とどかない…
よこせ…
地獄の亡者は自分が食べることしか考えられずガリガリですが…
極楽の住人はお互いの口に食べ物を運ぶのでみなふくよかです
どうぞ～
あーん
あなたもどうぞ～
仏教では自利と利他がともに満たされることが理想です

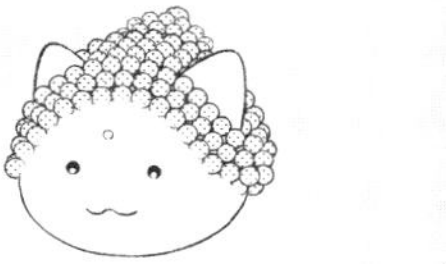

利《り》益《やく》

「利益《りえき》」は、仏教語では**「りやく」**と読み、**仏様の教えによって頂いた恵みや幸せのこと**を言います。利益には「自利《じり》」と「利他《りた》」があり「自利利他《じりりた》」という仏教語があります。自分が悟るための修行で得た功徳を自分だけが受け取ることを「自利」、自分の利益のためでなく他者の救済のために尽くすことが「利他」で、仏教では、この自利と利他がともに満たされることが理想とされています。自分だけが救われるのではなく、すべての人を同時に救うことが菩薩の目標なのです。ちなみに、「自利利他」の反対は「我利我利《がりがり》」です。「三尺三寸箸《さんじゃくさんずんばし》」という話があり、地獄でも極楽でも三尺三寸（一メートル）の箸で食事をさせられるのですが、地獄の亡者は一人でうまく食べられずガリガリにやせているのに対し、極楽の住人はお互いの口に「どうぞ」と食べ物を運んで与え合うので、みんなふくよかだそうです。自分のことばかり考えず、与え合いたいと願う心が大事だというお話です。自分と他人がともに満たされるというのは、見返りや利益目当てで他人のために何かをするのではなく、自分が幸せになることが他人の幸せにつながり、他人が幸せになることが自分の幸せにつながるということです。相手の幸せが自分の幸せだと感じられる、自利利他の心がけで生きていけたら素敵ですよね。

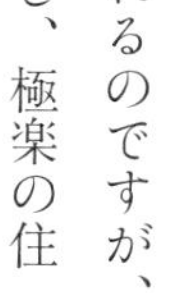

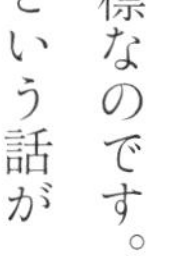

それって本当に微妙？

新しい定食屋ちょっと微妙だったかも…
可もなく不可もなく…
それはぜひ伺ってみたいです
え？ビミョーなのに？
仏教での「微妙」は…
言葉では言い尽くせないほど不可思議で…
微妙《みみょう》
奥深く素晴らしいことなのです
「微《み》」は「計り知れない」
「妙《みょう》」は「不可思議で優れている」
仏教での「微妙」はとても肯定的な印象の言葉なのです
どちらとも言えないからって他人もそうとは限らないよな…
反省…
表現に困るからって悪印象つけちゃだめだな…
フフッ

微妙《みみょう》

「微妙《びみょう》」は、日常では「あの店ビミョ〜だった」みたいに、どちらかといえばマイナスな印象で使うことが多い言葉ですが、本来の意味を調べると、「趣《おもむき》深く、何ともいえない美しさや味わいがあり、一言では言い表せないほど細かく複雑なさま」、「きわどくてどちらとも言いかねるさま」とされています。ちなみに、仏教での**「微妙」**はとてもプラスで肯定的な印象の言葉で、**「みみょう」**と読み、**「微《み》」**は**「計り知れない」**、**「妙《みょう》」**は**「不可思議で優れている」**という意味です。「微妙《みみょう》」は、**「言葉では言い尽くせないほど不思議で奥深く素晴らしいこと」**を表現する言葉なのです。日常で使われている「微妙《びみょう》」本来の意味に話は戻りますが、この言葉は仏教語と日常語の意味に共通点があると思うんです。「ビミョー」という否定的な使われ方をしたのは、細かいものや複雑なものはひと言で言い表すのが難しく、否定も肯定もできないから、曖昧な意味が強く出たのではないでしょうか。なので「微妙」という言葉を使う時は、仏教語の微妙《みみょう》や本来の微妙《びみょう》の意味も思い出してみてください。「ビミョー」の一言で済ませるのが勿体ないものもたくさんあると思います。もしかしたら、伝えた人には理解ができなかったただけで、実際に見たら美しさや細かさ、奥深さを感じるかもしれません。

すべてのものに感謝する

頂戴〜
ニャー
お土産ほしい子〜
ほ〜ら
パフェまんじゅう
頂戴〜
ニャー
「頂戴」も仏教語です
仏様の教えである経典を頭上に高くかかげて敬うことで…
フフッ
最高の敬意を表す行為です
ピタッ
パフェまんじゅう
ニャー
ニャー
ニャー
それが物を貰うときの様子に似ているので…
そんな風に…
意味が転じて貰うの謙譲語になったとか…
…
パフェまんじゅう
頂戴〜
ニャー
ニャー
ちなみに食事前に「いただきます」と言うのは…
動植物から命を頂戴するからなのです
スッ
ど…どうぞ…
いただきます〜
わーい
わーい

頂《ちょう》戴《だい》

「頂戴」は、仏教では**仏様の教えである経典を頭上に高くかかげて敬うことで、最高の敬意を表す行為**です。「仏様の教えを頭の上に頂く」わけです。それが物を貰うときの様子に似ているので、意味が転じて「貰う」の謙譲語になったようです。「ありがたく頂戴します」とか、「十分に頂戴致しました」とか、へりくだって何かを頂くときに「頂戴」という言葉を使いますよね。また、もっと軽い感じに「それ頂戴」と物が欲しいという意味で使ったり、「〜をやって頂戴」と相手に頼みごとをするときにも使います。ちなみに、食事のときに「いただきます」「ごちそうさま」って言いますが、あれは、「いのちを頂く」から「いただきます」なんです。生きるためには食事を摂ることが必要で、動植物から「いのち」を頂戴しなければなりません。また、「ごちそうさま」の「馳走《ちそう》」は走り回り奔走する意味で、料理を作ってくれた人だけでなく、お米や野菜を作った人、肉や魚を獲った人、器を用意した人、食卓に並ぶまでに奔走してくれたすべての人へ、「ありがたく頂戴しました」という感謝の気持ちを表しています。食事のときは動物や植物の命や、食卓に並ぶまでに関わってくれたたくさんの人に感謝しながら、「いただきます」と「ごちそうさま」の挨拶を心がけたいものです。

お寺とお経の話

お寺では、一年を通して様々な行事や儀式があります。内容は宗派によって異なるので、ここでは日常で関わる機会の多いものをいくつか紹介します。まずは、一月の「修正会《しゅしょうえ》」、前年の暮らしを省みて反省し、新しく迎えた年を祝う法要です。『正す月』でお正月とも言います。二月十五日は「涅槃会《ねはんえ》」、お釈迦《しゃか》様が亡くなった日の法要です。四月八日の「降誕会《ごうたんえ》」（灌仏会《かんぶつえ》）は、お釈迦様が生まれた日の法要で、花まつりとも呼ばれています。七月、または八月は「盂蘭盆会《うらぼんえ》」、いわゆる「お盆」です。ちなみに、春と秋のお彼岸は日本独自の行事です。

法要で読まれる「お経」ですが、これは、お釈迦様の教えを死後に弟子たちがまとめたものです。相手に応じてお話をされたので、膨大な数の宗派やお経が生まれました。葬儀や法要でお経を読むのは、故人を仏国土《ぶっこくど》（極楽浄土《ごくらくじょうど》）に導くためですが、宗旨宗派の考え方によりお経を唱える意味合いが異なる場合もあります。基本的な種類は般若心経《はんにゃしんきょう》、阿弥陀経《あみだきょう》、法華経《ほけきょう》、華《け》厳経《ごんきょう》などで、お経を唱える際は、読経、合《がっ》掌《しょう》、礼拝《らいはい》という所作を行います。

四章

世の中を見つめ直す

みんなちがってみんないい

ネットはいつも差別だ区別だと争ってるな…
うわー…
仏教での「差別」は後者ですね
今のようないわれのない「差別」とは別のものです
世の中に存在するすべてのものは平等とした上でその価値を認め…
個々を独自のものとして認識する意味合いで…
みんなちがって
みんないい
「差別《しゃべつ》」が使われていました
何で今は悪い意味で使われるようになったんだろ？
それは差別だ!!
お前は○○だ!!
ああ…それは執着ですね
そういう見方で差をつけて扱いたいという…
区別することへの執着です

差《しゃ》別《べつ》

仏教では**「差別」**は**「しゃべつ」**と読み、**区別すること**を意味します。それぞれのものが異なる姿をしていて、さまざまなものとして存在している様子を表す言葉で、今でいう「差別《さべつ》」みたいな、いわれのないランク付けのような意味ではありません。**世の中に存在するすべてのものが平等であるとした上で、その価値を認め、個々を独自のものとして認識する意味合い**で「差別《しゃべつ》」が使われていました。例えば、人間は皆等しく赤い血が流れ、命の尊さも同じで平等です。その上で、体格差や性格や肌の色など、それぞれに違いがある。これが仏教でいう「差別」です。物事に対し「これは〇〇だ！」と差をつけて扱うのは、私たちがそういう見方をしているからです。本来はものごとというのは、ただのものごとであるにすぎません。区別することに対する執着から、現代で言うような「差別《さべつ》」が生まれたのです。ちなみに、仏教でも差別《しゃべつ》に対する語は「平等」です。大乗仏教では差別と平等は切り離せないものだとしています。平等だと言うとき、その裏には必ず差別があります。差別だと言えるのは、その裏に平等があるからです。どちらか一方では存在しえないものなのです。双方に裏付けされた差別であり平等であってこそ、真の差別であり真の平等なのです。

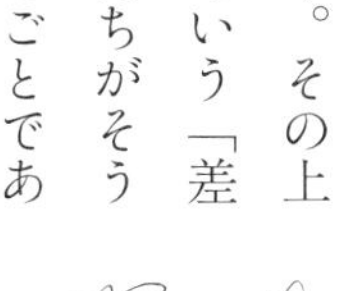

分け隔てなく慈しむ

仏教でも差別に対する語は「平等」です
え？
でも仏教の差別って区別のことだよね？
インドでは古くからカースト制という身分制度があり…
バラモン（聖職者）
クシャトリア（王族・士族）
ヴァイシャ（庶民）
シュードラ（隷属民）
タリッド（不可触民）
上位カースト
下位カースト
カースト枠外
人は生まれながらにして職業や結婚や食事まで
生活全体を社会制度で規制されていました
お釈迦様は仏教で生きとし生けるものは平等であると説き…
カースト制の差別的な考え方を真っ向から否定したのです
ブシッ
皆、平等!!
区別も度が過ぎれば差別だよな…
仏様の慈悲は生きとし生けるものすべてを
分け隔てなく慈しむ…
「平等の大悲」なのです

平《びょう》等《どう》

片寄りや差別の無いことを**「平等」**と言いますが、仏教では**仏様の慈悲は生きとし生けるものすべてを分け隔てなく慈しむ**と考えられ、**「平等の大悲」**という言葉があります。お釈迦《しゃか》様がいたインドでは古くからカースト制というヒンドゥー教における身分制度があり、人は生まれながらにして職業・結婚・食事など、生活全体を規制される社会制度がありました。カースト制では「我《が》（アートマン）」という実体が永遠に存在し続け、輪廻《りんね》転生《てんしょう》するという宗教観があり、現世の階級は前世の行いであると定められていたため、親から受け継がれた身分は生涯変えることができませんでした。お釈迦様の仏教は輪廻転生からの解脱《げだつ》を説き、生まれにより卑しさや身分が決まるわけではなく、生きとし生けるものは平等であると、カースト制の差別的な考え方を真っ向から否定するものでした。この時代に平等を説くって、今以上に大変なことだったのです。カースト制度が憲法で廃止されたのは一九五〇年ですが、仏教発祥の地ながら人口の八割がヒンドゥー教徒のインドでは、今も習慣として差別が残っているそうです。現代の日本では平等や差別と言っても、一部のことや昔のことと感じるかもしれません。努力次第で社会的立場を変えられるって、それだけで幸せなことなのだと思います。

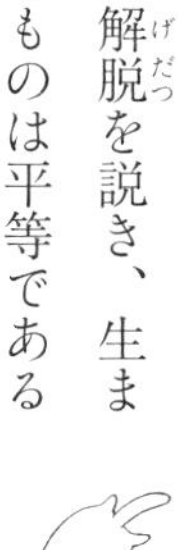

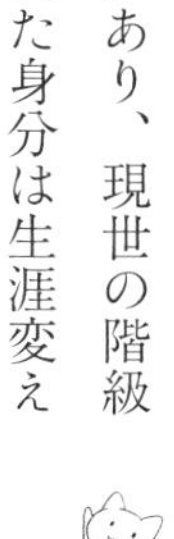

この世での大仕事

え？サーバー落ちてるの？一大事だ!!
ログインできね～
…と今では…
突然の事態や大事件のことを「一大事」と言いますが…
仏教語の「一大事」は…
一大事
「ただ一つの重大な事柄」…または「仕事」という意味です
仏教語だったんだ
「一大事因縁」という言葉があるのですが…
そこでは仏様は仏の智慧を衆生に教えて仏道に導き…
「一大事」←「重大な事柄」
「因縁」←「理由」
悟りによって救済するためにこの世に出現したとされます
つまり「一大事」は…
ドーン
そいつは一大事だ
この世での仏様の大仕事のことだったのです!!

一《いち》大《だい》事《じ》

「一大事」といえば、突然のただならぬ事態や、大事件のことを言いますが、これも仏教の教えがもととなっている言葉です。仏教語としての「一大事」は**「ただ一つの重大な事柄、または仕事」**という意味になります。法華経《ほけきょう》の方便品《ほうべんぼん》に「一大事因縁」という言葉があるのですが、そこには「諸仏世尊は、唯一大事の因縁を以ての故に世に出現したもう」とあります。意味は、「もろもろの仏は、ただ一大事の因縁があるからこそ、この世に出現された」です。つまり、仏様は仏の智慧《ちえ》を衆生に教えて仏教の道に入らせ、すべての衆生を悟りにより救済するという一大事（大きな目的）を理由（因縁）に、世に出現したのです。「一大事」とは**「仏様の一大事（大仕事）」**のことだったのです。ちなみに、「後生の一大事」という言葉があります。後生とは来世のことです。仏様に救われた人の後生の一大事は「浄土に征《ゆ》き仏に生まれること」で、仏様に救われていない人の後生の一大事は「地獄に堕ちて長く苦しむこと」です。仏教を信心し、浄土に往って仏になることがわかっていれば後生の一大事を解決できるとされています。今の日常で例えるなら、死んだ後で後悔することがないように、今を正しく大事に生きることが大切なのだと思います。

悩みがあって当たり前

渡る世間は鬼ばかり～
は～ やだやだ いいニュース ねえなぁ
鬼は欲界《よっかい》の餓鬼界や地獄界によくいますね
え？ ガチ鬼の話してる？
仏教での「世間」は欲界・色界《しきかい》・無色界《むしきかい》の三段階からなる「三界《さんがい》」のことです
解脱
三界で輪廻転生
無色界
色界と無色界の最上部が天界
色界
欲界
地獄界・餓鬼界・畜生界・阿修羅界・人間界
シャカ
オニ
人
人は悟りを得て解脱するまでは三界で輪廻転生《りんねてんしょう》を繰り返します
ガチなやつじゃん
あらゆる生物が住む自然環境を「器世間《きせけん》」と言い…
器世間
（山・川・草・木・国・土）
衆生世間
その中の心や感情を持つ衆生の住む世界を…
「衆生世間《しゅじょうせけん》」と言います
衆生は人間なのでそれが世の中や人間社会を指す世間になりました
無色界
色界
欲界
世
間
「世間」のスケールが予想以上に広かった

世《せ》間《けん》

「世間」は、梵語のローカの訳語です。「世」は変化してやまないこと、「間」は空間の意味があり、**まだ出家して僧になる前の、移り変わりや迷いや煩悩《ぼんのう》から免れない「俗世間《ぞくせけん》」にいること**を言います。俗世間は言葉の通り一般の人々が暮らしている世の中のことです。仏教では、すべての人が死後生前の行いに従い、輪《りん》廻《ね》転生《てんしょう》を繰り返し彷徨《さまよ》うという「六道輪廻《ろくどうりんね》」の世界観があります。六道は六つですが、各世界に住む衆生の精神段階により三界《さんがい》という「欲界《よっかい》・色界《しきかい》・無色界《むしきかい》」の三つの段階で分けられます。この三つの世界を「世間」とし、あらゆる生き物が住む自然環境（山・川・草・木・国・土）を「器世間《きせけん》」と呼びます。その中の、心や感情という意識を持つ者が住む衆生の世界を、衆生世間《しゅじょうせけん》（有情世間《うじょうせけん》）と呼びます。衆生というのは私たち人間のことを言いますので、衆生世間は人間の住む世界です。そこから日常語として「世間」は世の中や人間社会、人々を表すようになりました。自分たちの住む「世間」は迷いの世界で、移り変わっていくのが当然なのだと思うと、悩みが多いのも気持ちが変わってしまうのも、しかたがないと思えてきます。そのことを受け入れて、どう生きるかを考えて、一日一日を大事にしていきたいですね。

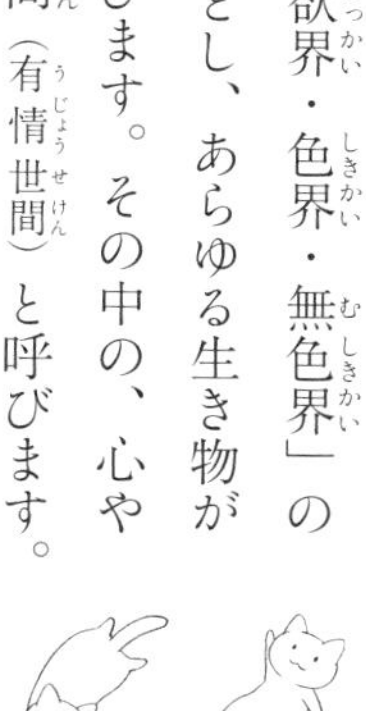

善も悪も途切れない

相続って継いでも継がなくても面倒だよな…
ハァ〜…
手続きが…
本来は「相続」は仏教哲学の用語です
人の行為や物事の連続性など…
大丈夫ですか？
スッ
ドンッ
おら！邪魔だじいさん!!
因果が連続して絶えないことを言います
○○社面接会場
あ…!!
会長〜
会長〜
あっ!!
善も悪も相続され決して途切れることはありません
善因善果《ぜんいんぜんか》
善い因果は必ず連続して善果を生む
元気そうでよかった…
やっべぇさっきのじいさん…
サー…
悪因悪果《あくいんあくか》
悪い因果は連続して悪果を生む
悪果は末永く相続されます
悪果の相続を断つには「仏《ぶつ》・法《ぽう》・僧《そう》」の「三宝《さんぽう》」に帰依し
不採用
採用
因果応報ですねぇ
罪を反省し更生を誓わねばなりません
うわ…
相続こえぇ…

相《そう》続《ぞく》

「相続する」といえば跡目を継ぐことですが、もとは仏教語の転用で、梵語のサンタティ、またはサンターナの訳語です。この言葉には「連続」という意味があり、人間の行為の連続性や物事の連続性、因果《いんが》関係の連続性を示すもので、本来は仏教哲学の用語です。今では法律用語で使われることが多いです。簡単に言うと、**「相続」**は**「因果が連続して絶えないこと」**です。「善因善果《ぜんいんぜんか》」「悪因悪果《あくいんあっか》」という言葉があり、善い因果は必ず連続して善果を生むのに対し、悪い因果は連続して悪果を生むと言います。善も悪も相続され、決して途切れることはありません。ちなみに、仏教では悪い行いによる悪果は末永く相続されるとされていますが、三宝《さんぼう》（仏《ぶつ》・法《ぼう》・僧《そう》）に帰依し、それらの罪を深く反省し、今後そのような行いをしないと仏に誓うことで、その相続を断つことができると言います。三宝は悟りを開いた仏と、その教えの法である仏教と、教えを受けて修行する僧の三つを世の宝に例えた語で、仏教徒であるための基本条件です。日常語の「相続」でも「連続性」というもとの意味は失われずに相続しています。まさに「相続」の言葉通りという感じですね。

色の白いは七難隠すって言うけど…
七難って仏教っぽいよね
「七難」は七種のさまざまな災難のことです
経典により内容が異なりますが…
観音経《かんのんきょう》
火難《かなん》(火による難)
水難《すいなん》(水による難)
羅刹難《らせつなん》(悪鬼による難)
刀杖難《とうじょうなん》(武器による難)
鬼難《きなん》(死霊による難)
枷鎖難《かさなん》(投獄される難)
怨賊難《おんぞくなん》(悪人による難)
多っ!!
一般的なのは観音経の「七難」ですね
まだまだありますよ
仁王経《にんのうきょう》
日月失度難《にちがつしつどなん》
星宿失度難《しょうしゅくしつどなん》
災火難《さいかなん》
雨水難《うすいなん》
悪風難《あくふうなん》
亢陽難《こうようなん》
悪賊難《あくぞくなん》
薬師経《やくしきょう》
人衆疾疫難《にんしゅしつえきなん》
他国侵逼難《たこくしんぴつなん》
自界反逆難《じかいほんぎゃくなん》
星宿変怪難《しょうしゅくへんげなん》
日月薄蝕難《にちがつはくしゅなん》
非時風雨難《ひじふううなん》
過時不雨難《かじふうなん》
難多すぎだろ!!
悪鬼や死霊も昔の人は本気で信じてたから難だったのかな…
昔
悪鬼死霊が怖い〜!!
今
誹謗中傷が怖い〜!!
畏れの対象は時代によって変わってくかもしれませんね

七《しち》難《なん》

「七難」とは、仏教では**七種のさまざまな災難のこと**を指します。経典により内容が異なり、観音経《かんのんきょう》では「火難《かなん》・水難《すいなん》・羅刹難《らせつなん》・刀杖難《とうじょうなん》・鬼難《きなん》・枷鎖難《かさなん》・怨賊難《おんぞくなん》」、薬師経《やくしきょう》では「人衆疾疫難《にんしゅしつえきなん》・他国侵逼難《たこくしんぴつなん》・自界反逆難《じかいほんぎゃくなん》・星宿変怪難《しょうしゅくへんげなん》・日月薄蝕難《にちがつはくしょくなん》・非時風雨難《ひじふううなん》・過時不雨難《かじふうなん》」、任王経《にんのうきょう》では「日月失度難《にちがつしつどなん》・星宿失度難《しょうしゅくしつどなん》・災火難《さいかなん》・雨水難《うすいなん》・悪風難《あくふうなん》・亢陽難《こうようなん》・悪賊難《あくぞくなん》」が七難とされ、一般的な七難の呼称は、観音経の「火難（火による難）・水難（水による難）・羅刹難（悪鬼による難）・刀杖難（武器による難）・鬼難（死霊による難）・枷鎖難（投獄される難）・怨賊難（悪人による難）」でしょうか。ちなみに観音経は法華経第八巻第二五品の観世音菩薩普門品《ふもんぼん》の別称で、法華経の一部です。これだけ見ても遠い昔から災難というのはさまざまで、数が多かったのだなぁと感じます。時代によっても変わっていくのでしょう。今は昔と比べて治水工事が進んだり信仰が薄れたり、神様や霊の存在を信じない人も増えているので、鬼難とか羅刹難はピンとこない人も多いと思います。そのかわり、ネットの普及で「誹謗中傷難」とか新たな難が増えていきそうです。難が減るものなら減らしていけばいいのに、差し替えで増えていくのは、なんとも悲しくて難儀です。

あるがままの姿

自然は癒されるよなぁ…
キャンプに行こう!!
仏教では「自然」は「じねん」と読み…
「自然法爾《じねんほうに》」という言葉を用います
「自然」は「自ら然《しか》る」という字から…
「人為を加えずおのずからそうであること」を指し…
その歌はやめろ…
あるが〜♪
みやみやの〜
モガッ
「法爾」は「真理にのっとって本来あるがままの姿」という意味です
浄土宗系では「自然法爾」は…
親方空からおんにゃにゃにゃにゃ…
モガッ
「自分の力を捨て阿弥陀《あみだ》如来《にょらい》の力に身を任せること」を意味します
禅では山や川や草木の美しさや移ろいそのものを説法だと捉え…
フフッ
そこに仏の真理を見出します
法爾の前に法務がくるとこだった…
モゴ
モゴ
今で言うと「自然体」とかはそれなのかな…

自《じ》然《ねん》

一般には山や川や草木など、人間の手が全く加わらない天然であるがままのさまを**「自然《しぜん》」**と言いますが、仏教では、**「自然」**を**「じねん」**と読み、**「自然法《じねんほう》爾《に》」**という言葉を用います。**「自然《じねん》」**は「自ら然《しか》る」という字から**「人為を加えずおのずからそうである」**ことを指し、**「法爾《ほうに》」**は、**「真理にのっとって本来あるがままの姿である」**という意味の仏語です。浄土宗系では「自然法爾」は、「自分の力を捨てて、阿弥陀如来《あみだにょらい》の力に身を任せること」を意味しますが、禅では、谷のせせらぎ、山々の美しい姿とその移ろいそのものが、仏の説法であると捉え、そこに仏の真理を見出します。この自然観が、日本人のものの考え方や、文化、芸術に大きく影響を与えています。ちなみに現在の「自然《しぜん》」という言葉は明治以前にはなく、英語のネイチャーとフランス語のナチュールを日本語に訳したときにできた言葉のようです。古来からの日本人の「自然」の捉え方は、山や川などの外側の自然体系の方ではなく、内側に存在する仏教的な意味の「自然《じねん》」の方でした。要素が重なって組み合わさって「あの人は自然体だね」とか「郊外には自然が残ってる」とか、両方の意味で使うようになったようです。

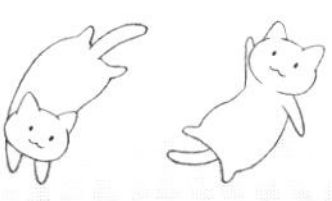

教えを得るのが困難な世界

ねえねえ八難って七難に何か一つ足した感じ？
「八難」は…
仏教の教えを見聞きすることが困難な八つの境界のことを言います
「地獄・餓鬼・畜生」の三つは「三悪道」
はちむか〜
仏教に心を向ける暇がないこと〜
八無暇《はちむか》
地獄《じごく》
餓鬼《がき》
畜生《ちくしょう》
長寿天《ちょうじゅてん》
辺地《へんじ》
盲聾瘖瘂《もうろういんあ》
世智弁聡《せちべんそう》
仏前仏後《ぶつぜんぶつご》
「長寿天」は住む人すべてが不老不死の無常を知らぬ世界で
「辺地」は毎日遊んで楽しめる世界です
「盲聾瘖瘂」「世智弁聡」と「仏前仏後」は？
盲聾瘖瘂
心の目耳や感官が欠損してる
見えない… 聞こえない… 話せない…
世智弁聡
先入観や邪な見方をしてしまう
疑ってしまう… 受け入れ難い…
え—
う〜ん…
仏前仏後
仏の出現前もしくは入滅後
えっっ
仏様がいない!!
さまざまな理由により仏の教えを聞くことが困難な世界です
俺…行くなら「長寿天」か「辺地」がいいな
ハハハ…
一見幸せでも誰も死なず何もしなくていいって…
生きる努力も考えることもしなくなるから虚しいですよ

八《はち》難《なん》

「八難」とは、**仏の教えを見聞することが困難な八つの境界のこと**を言います。仏教に心を向ける暇がないという意味で「八無暇《はちむか》」とも言います。それぞれ、「地獄・餓鬼《がき》・畜生《ちくしょう》・長寿天《ちょうじゅてん》・辺地《へんじ》・盲聾瘖瘂《もうろういんあ》・世智弁聡《せちべんそう》・仏前仏後《ぶつぜんぶつご》」があり、「地獄」はお互いに相手を傷つけ苦しみ憎しみあう世界、「餓」鬼は欲望の支配する世界、「畜生」は道理を心得ない無知の者の世界で、「地獄・餓鬼・畜生」の三つは「三悪道」と言います。「長寿天」は住む人すべてが不老不死の無常を知らぬ世界で、「辺地」は毎日遊んで楽しめる世界です。一見するとこの二つは素晴らしい世界のようにも思えますが、誰も死なず何もしなくていい世界では生きるための努力も考えることもしなくなってしまいます。「盲聾瘖瘂」では心の目耳や感官が欠損しているので仏の教えを聞くことができません。「世智弁聡」では世渡りの智慧《ちえ》に長けているばかりに、先入観を抱《いだ》いたり邪《よこしま》な見方をしてしまい、仏の教えを受け入れることができません。「仏前仏後」は仏が世に出る前、または入滅した後の世界で、仏の出世に巡り合えず仏を見ることも法を聞くこともできません。どの時代においても、心が救われる機会を知ることができないのは難儀なものです。選べるなら、知りたいことを見聞きできる世界に生きたいですね。

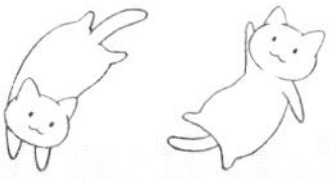

バタフライピーより不思議

レモンを入れるとお茶が青からピンクに～♪
バタフライピ～♪
ふっしぎ～
「不思議」の語源は仏教語の「不可思議」です
「思議」は「思うこと」や「議論すること」
インドも産地ですね
「不可思議」とは文字通り…
「思議することが不可能なこと」をいいます
仏様の悟りの境地や神通力や智慧などは…
言葉に表すことも思いはかることもできない境地なのです…
そこから転じて人間の判断力で及ばないこと
フッ…
さらに転じて常識で理解できないことを…
不思議と表すようになりました
おいしい？
ふしぎな味？
お茶の色どころの話じゃなかった

不《ふ》思《し》議《ぎ》

「不思議」という言葉の語源は、仏教語の**「不可思議」**です。「思議」は「思うこと、議論すること」で、不可思議とは文字通り、**「思議することが不可能なこと」**を言います。仏の悟りの境地や神通力、智慧《ちえ》などは、言葉に表すことも思いはかることもできない境地で、そこから転じて人間の判断力では及ばないこと、さらに転じて常識で理解できないことを「不思議」と表すようになりました。数の単位に「一、十、百、千、万」とありますが、そこからさらに「億、兆、京《けい》、垓《がい》、秭《じょ》、穣《じょう》、溝《こう》、澗《かん》、正《せい》、載《さい》、極《ごく》、恒河沙《ごうがしゃ》、阿僧祇《あそうぎ》、那由他《なゆた》、不可思議《ふかしぎ》、無量《むりょう》大数《たいすう》」と続きます。「不可思議」は最大単位の「無量大数」の一つ手前の単位です。「不可思議」より先もあるって不思議ですね。しかも無量大数は不可思議の万万倍あるそうです。ちなみにこれは漢字文化圏における単位の一つで、仏教の華厳経《けごんきょう》では無量大数よりさらに大きな単位があり、最終単位は「不可説不可説《ふかせつふかせつ》転《てん》」というそうです。そちらは百二十三個もの数詞があるそうなので、興味のある方は調べてみてください。「不可思議」だけでも〇《ゼロ》が六十四個つきますから、そんな数を思議することは到底不可能ですし、言葉に表すこともできません。そう思うと、仏様の悟りの境地って本当に不可思議なのだと思います。

日本独自の地獄観

仏教で言う地獄は六道《ろくどう》の一つです。苦しみの世界である「地獄道《じごくどう》・餓鬼道《がきどう》・畜生《ちくしょう》道《どう》・修羅《しゅら》（阿修羅）道《どう》・人間道《にんげんどう》（この世界）・天道《てんどう》」の「六道輪廻《ろくどうりんね》」から逃れ、抜け出すことが仏教の目標です。実は日本仏教での地獄は、日本オリジナルの要素が混じっています。人は死後三途《さんず》の川を渡り、七日毎に閻魔大王《えんまだいおう》を始めとする十王に七回の裁きを受け、罪の重さや内容により、八大地獄（等活《とうかつ》地獄・黒縄《こくじょう》地獄・衆合《しゅごう》地獄・叫喚《きょうかん》地獄・大叫喚《だいきょうかん》地獄・灼熱《しゃくねつ》地獄・大焦熱《だいしょうねつ》地獄・阿鼻《あび》地獄）のどこかに行き先が決まり、服役期間を終えると、再びこの世界に生まれるとされています。元来のインド仏教には、由来する要素はありますが、閻魔大王を頂点とする十王などの官僚制度や、三途の川や奪衣婆は出てきません。日本の地獄のイメージの多くは、平安時代後期に僧・源信《げんしん》が念仏を勧めるために書いた『往生要集《おうじょうようしゅう》』が手本とされています。仏教が中国に伝わった後に道教などと混交して、十王信仰が成立しました。それが日本で受け入れられて日本化され、「地蔵十王経」が作られ、民間信仰として定着したのが日本版の地獄です。

五章

言葉に溢れる仏教の教え

最近口開くと愚痴っちゃうなぁ…
反省…
「愚痴」も仏教語ですよ
マジで？
仏教では…「愚痴」は煩悩に振り回された愚かな状態や…
愚《ぐ》癡《ち》
物事の真実を正しく捉えられていない状態のことを言います
「愚《ぐ》癡《ち》」とも書きます
「貪欲《とんよく》」「瞋恚《しんに》」「愚痴」は仏道を歩む者にとって…
貪欲＝欲望
貪《とん》
よこせー
ほしいー
三毒煩悩
癡《ち》
瞋《じん》
ゴオッ
愚痴＝無知
瞋恚＝怒り
もっとも根強い煩悩である「三毒煩悩」の一つです
無知や真理に暗いことを表す「無《む》明《みょう》」と同じ意味をさします
愚かか無知なんだな…
マジでやめよう…
今も昔も愚痴はよくないものだってことはよくわかった…

愚《ぐ》痴《ち》

「愚痴」は現在では「愚痴をこぼす、愚痴る」などのように、言っても仕方のないことを嘆いて文句を言ったり、日常の不平不満を話すようなイメージですが、仏教では「愚痴」は**煩悩《ぼんのう》に振り回された愚かな状態や、物事の真実を正しく捉えられていない状態のこと**を言います。**「愚癡《ぐち》」**とも書きます。単に「痴《ち》」とも言い、無知や真理に暗いことを表す「無明《むみょう》」と同じ意味でも使われます。「貪欲《とんよく》」「瞋恚《しんに》」と共に、「愚痴」は仏道を歩む者にとってもっとも根強い煩悩である「貪《とん》・瞋《じん》・癡《ち》」の「三毒煩悩」の一つです。三毒はそれぞれ、「貪欲は欲望、瞋恚は怒り、愚痴は無知」を表しています。梵語のモーハの訳語で、古代インドでは仏教に限らず通念としてあった概念だそうです。モーハは中国では「莫何《ばか》」と音写され、バカ（馬鹿）の語源であるとも言われています。日本でも古くから愚かで知恵の無い子という意味で使われていたそうです。人生では愚痴ってしまいたいことも多々ありますが、昔からあまり良いものとしては捉えられていなかったようです。仏教での「無明」は苦しみを生み出す根源ですから、愚痴が苦しみの根源であるなら、あまり言わない方が良いのかもしれません。

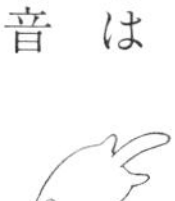

自分の愚かさを自覚する

愚痴が仏教語なら馬鹿もそうだったりして
何でも仏教語に見える…
それが…
「馬鹿」の語源は確定しておらず種々の説があるんですよ
仏教だと「莫迦《ばか》」や「莫何《ばか》」という言葉があり「癡《ち》」を意味します
貪
三毒の煩悩
瞋
癡
無知
ココです☆
「癡」は三毒の煩悩の一つで根源的な無知のことです
また…「破家《はか》」という言葉から転じた説もあります
てん
てん
てん
梵語
モーハ（愚痴・無知）
音訳
「莫迦・莫何」
当て字
「馬鹿」
「破家」は無益なことや常軌を逸したさまのことです
愚痴と同じで語源からして救いがない
でもお釈迦《しゃか》様は愚かな者についてこう言ってます
私は愚かです…!!
自分の愚かさを自覚して悟りを目指す者は…
愚者でありながらも賢者だと…
救いあった

馬《ば》鹿《か》

「馬鹿」といえば人を罵る悪口の定番ですが、「馬鹿」という言葉の語源は確定しておらず、種々の説があります。一つは梵語のモーハ（愚痴《ぐち》・無知）を音写したという説で、モーハを音訳して**「莫迦《ばか》・莫何《ばか》」**と表記し、それがいつしか**当て字の「馬鹿」に換わった**というものです。仏教では「莫迦」や「莫何」は**「癡《ち》」**を意味し、「癡」は**三毒の煩悩《ぼんのう》の一つで根源的な無知のこと**を指します。また、**「破《は》家《か》」**という言葉から転じたという説もあります。「破家」は**無益なことや常軌を逸したさま**を意味します。「馬」と「鹿」に置き換わった理由にも、「鹿をさして馬となす」という、秦《しん》の始皇帝《しこうてい》の時代の故事がもとになった説があり、内容は「馬と鹿を間違えるほど愚かである」という話です。いずれにしても馬鹿の語源となるものは愚かさを意味するものが多いです。しかし、お釈迦《しゃか》様は愚かな者について次のようにおっしゃってます。「もしも愚者がみずから愚であると考えれば、すなわち賢者である」人は生まれながらに愚者ですが、自分の煩悩や愚かさを自覚して悟りを目指す者は、愚者でありながらも賢者なのです。現代でも「頭の良さ」と「賢さ」は別なんて言われます。己の長所や欠点を自覚して、正しく目標に向かって生かす人こそが、賢い人なのかもしれません。

仏菩薩の仮の姿

新作ゲームのアバターどうしよっかな〜♪
「アバター」も仏教語ですよ
えっ⁉
仏教では権化や化身のことを言います
どんなアバターで出現しようかな…
仏菩薩が衆生を救済するために人間世界に現れるときの仮の姿です
今日イチ驚いたわ
仏教の考え方では仏様の世界が真の世界なので…
仏様のアバターが現れる人間世界が「仮想世界」ということになります
よしっ
アバター
えっ?俺って仮想世界の住人なの?
仏様は仮想世界でも衆生を救うのに人間ときたら…
誹謗中傷してもどうせばれねーし
うひゃひゃ
美少女アバター作って貢がせようかな〜
だからこそ救わないとなんですがね

アバター

今ではゲームやSNSなどで「仮想世界」の自分の姿を**「アバター」**と呼びますが、「アバター」も仏教語です。古代インド語の「アヴァターラ」が語源で、「地上に降下すること、この世に現れること」を意味します。仏教では**「権化」**や**「化身」**を意味し、「化身」は**仏菩薩《ぶつぼさつ》が衆生を救済するために人間世界に現れる為の仮の姿**なので、仏様のアバターが人間世界に現れるということは、仏教の考え方では、仏様の世界が「真の世界」で、人間の世界が「仮想世界」ということになります。ちなみに、ヒンドゥー教の世界では、最高神である三大神の一人で世界維持の神とされる「ヴィシュヌ神」は、十種類のさまざまなアヴァターラの姿で人間の世界に降臨するそうです。この説では仏教の始祖であるお釈迦《しゃか》様も、ヴィシュヌ神のアヴァターラの九番目の「化身」とされています。現代ではアバターを使う仮想世界で、匿名だからとはめをはずしたり、普段は隠している悪い面が出てしまう人もいます。お釈迦様もヴィシュヌ神もアバターに姿を化えるのは衆生を救うためです。もしSNSやオンラインゲームで自分の悪い面が出てしまったり、はめを外し過ぎだと思ったときは、本来のアバターの意味や、アバターの中には現実の人間がいることを思い出してみてください。

俺、肉まん子猫たちは？
買ってくる
あんまん
チーズまん
仏教では「卑下慢《ひげまん》」という言葉があります
いきなりぶっこんできたな…
「卑下」とはさげすむこと「慢」は自慢
「卑下慢」は思い上がりを意味します
七慢《しちまん》
慢《まん》
過慢《かまん》
慢過慢《まんかまん》
我慢《がまん》
増上慢《ぞうじょうまん》
卑慢《ひまん》
邪慢《じゃまん》
しちまん～
六番目だよ～
仏教では七つの慢心があり「卑慢《ひまん》」は「卑下慢」と同じ意味です
自分より数段勝る者よりも自分は少ししか劣っていない…
そのように驕り高ぶるのは卑慢なのです
ひまん～
肥満じゃありませんよ卑慢です
劣っていると認めてるだけやや謙虚では…
ネトゲで例えるとこうです
俺は今レベル80の剣士だよ
Lv.80
今度パーティー組む？
あ～いいや…
へ～俺よりちょっとレベル高いね
Lv.8
卑下慢
ソロ派だから…
俺が一番レベル低いのか～
Lv.35
二人ともすげ～
あ、これは思い上がりで慢心だわ

卑《ひ》下《げ》慢《まん》

仏教では**「卑《ひ》下《げ》慢《まん》」**という言葉があります。**「卑下」**とは**さげすむこと**を言いますが、**「慢」**は「自慢」の「慢」で、**「思い上がり」**を意味します。仏教では七つの慢心を「慢《まん》・過慢《かまん》・慢過慢《まんかまん》・我慢《がまん》・増上慢《ぞうじょうまん》・卑慢《ひまん》・邪慢《じゃまん》」の「七慢《しちまん》」に分けており、六番目の「卑慢」は**「自分よりはるかにすぐれた者に対して、自分は少ししか劣っていない」と思うこと**です。「卑下慢」と「卑慢」は同じ意味です。仏教においては、「自分はだめだと評価することや落ち込むことが、思い上がりで慢心」なのです。それは「謙虚」ではないの？　と思うかもしれませんが、「卑下慢」は自分より数段勝るものに対して、自分はそれより少しだけ下だというふりをして驕り高ぶることなので、謙虚のような控えめで慎ましいさまとは真逆です。例えるなら、ゲームで高レベルの人を指して、自分はまだレベルが低いのに「私はあの人よりちょっとレベル低いけどね」なんて、へりくだっているようで、実際より自分を高く評価して自慢やアピールをするわけです。オンラインゲームで一番パーティーを組みたくないタイプですが、それは置いておいて、自分の実力も測れず、謙虚なふりで慢心するのはとても恥ずかしいことです。そうならないように気をつけて生きていきたいものです。

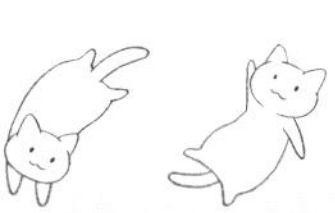

器量に合わせて姿を変える

はぁ〜今日も推しが可愛い可愛さの化身！やべぇ…
「化身」は本来は…
アイドルですか？
仏菩薩の仮の姿である「仏の三身《さんじん》」の一つです
KANNON 33
「自性身《じしょうしん》」「受用身《じゅようしん》」「変化身《へんげしん》」があり…
化身は「変化身」の略です
例えば観音菩薩は衆生の仏の教えを理解する器量に応じて…
姿を三十三種に変えて説法されるそうです
釈迦如来の化身を応化身《おうげしん》や応身《おうじん》…大日如来の化身を自性身と言います
何か化け物みたいなのいるな…
衆生によってはそれが正解なのかと
そのままの姿で現れた方が衆生も真剣に話聞いてくれない？
衆生の仏の教えを理解する器量を無視して出現するというのは…
推しが変装なしで街中に現れるようなものですよ？
こんにち…
ワァアアアア
写真〜
こっち向いて〜
本物？
サイン〜
パニックで説法どころじゃねぇな…

化《け》身《しん》

「化身」は神や仏が人々を救うために姿を変えて現れることや、鬼や狐狸の類が人を化かすために姿を変えることを言いますが、本来は**仏菩薩《ぶつぼさつ》の仮の姿である「仏の三身《さんじん》」の一つ**です。三身には「自性身《じしょうしん》・受用身《じゅようしん》・変化身《へんげしん》」があり、化身は変化身の略です。代表的なものは、法華経に説かれる観音菩薩の三十三身で、観音菩薩は衆生を救済するために、衆生の仏の教えを理解する器量に応じて、姿を三十三種に変えて説法されるそうです。特に釈迦如来《しゃかにょらい》のことを応化身《おうげしん》、あるいは応身《おうじん》と言います。自性身は宇宙そのものであり大日如来《だいにちにょらい》のことです。現世の衆生を直《じか》に導くために大日如来が応身である釈迦如来に姿を変えて出現したともいいます。ちなみに、歌舞伎の隈取《くまどり》も化身の役に使われることが多いそうです。化身《けしん》事《ごと》も歌舞伎の言葉で、神仏などが人の姿で現れて神通力や奇跡を演出したり演技したりすることを言います。私はよく、人を化かす鬼や狐狸が姿を変えるのはわかるけど、仏様や神様はなぜわざわざ姿を変えて現れるのかと疑問でしたが、「器量や理解力に応じて姿を変えている」と知って納得しました。仏様は仏教徒からすれば憧れの存在です。もし人気アイドルが変装なしでファンの前に現れたら、冷静に話を聞くどころじゃありませんもんね。

人にも自分にもかけたくないもの

レベル上げ手伝って欲しいけど…
一人だとボス戦で負けそう…
他人に迷惑かけたくないなぁ…
「迷惑」は「悟り」の対義語です
梵語の「プラーンティ」の意訳で…
「迷」は本当の道に迷うこと…
「惑」は途方に暮れてとまどうことを意味します
仏の教えが分かりにくくて思い迷ったり
知識が足りず理解に苦しむことが仏教での「迷惑」なのです
☆2問でわかる悟り診断☆
Q.仏の教えがわかる？
A.わかる
B.わからない思い迷う
Q.知識は足りてる？
A.足りている
B.理解に苦しむ
※Bが一つでもあると「迷惑」!!
あー…だから悟りの対義語なんだ
本来は他人にかけたりかけられたりするものではなく…
「迷惑」は自分にかかるものなのです
負けた～
俺全部Bだわ…
自分にも迷惑かけたくねぇなぁ…

迷《めい》惑《わく》

一般的には**「迷惑」**というと、ある行為がもとで他の人が不利益を受けたり、不快を感じたりすることを言いますが、「迷惑」は梵語「プラーンティ」の意訳で、「迷」は本当の道に迷うことを意味し、「惑」は途方に暮れてとまどうことを意味します。仏教では、**仏の教えがわかりにくくて思い迷ったり、知識が足りなくて理解に苦しむこと**を「迷惑」と言います。本来はこのように「迷惑」とは、他人にかけたりかけられたりするものではなく、自分にかかるものです。悟りの対義語として、自分に智慧《ちえ》がないために物事の道理を理解できず、迷ったり困ったりするありさまをいいました。それが転じて、今では他人を惑わせたり、害を与えたり、被害者が不利益を受ける意味の言葉となったようです。「迷惑」のもとの意味が自分自身にかかるものだと思うと、他人に対して迷惑だと思うときに、どうして自分は不快に感じるのか、なぜ不利益を受けることになったのか、自分にも迷惑を回避するためにできることはなかったのかと考えてしまいます。「迷惑」の一言で済ますのは簡単ですが、何を迷惑に感じるかって人によっても違うし、感じる度合いも違います。自分にとっての迷惑を知ることで、受け取らずに済む迷惑もあるような気がします。

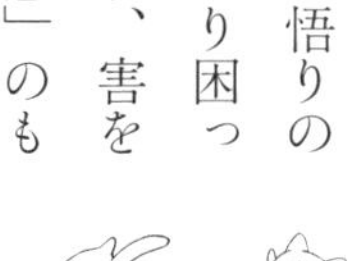

激しい執着で追い求める

うわ…酷い…保険金目当てで家族を…
人ってこうも貪欲になれるもんかね…
NEWS
仏教では「貪欲」は「とんよく」と読みます
三毒である「貪瞋癡《とんじんち》」の一つ「貪」のことで
何かを欲しいと貪り求める激しい欲望を意味します
五欲
食欲
財欲
色欲
名誉欲
睡眠欲
ほしい!!
ほしい!!
これくらいの欲は誰でも持ってない？
例えば食欲ならただ食べたいと思うだけでなく
より美味しいものをという感じに…
もっと…もっと美味いものを…!!
強く固執して激しい執着で追い求めるので
仏教ではそれを迷いの根源としています
「百《ひゃく》喩《ゆ》経《きょう》」では名誉欲で我が子を殺した愚か者の話もありますよ
7日後に我が子が死ぬ星占いをしたから当たらないと…
ひえぇぇ…貪欲怖い!! 人間怖い!!

貪《とん》欲《よく》

仏教では**「貪欲」**と書いて**「とんよく」**と読みます。三毒である貪瞋癡《とんじんち》の一つ、「貪《むさぼり》」のことで、「貪欲《とんよく》」は**何かを欲しいと貪り求める激しい欲望**を意味します。代表的な五つの欲は「五欲」とされ、「食欲・財欲・色欲・名誉欲・睡眠欲」があります。例えば食欲なら、ただ食べたいと思うだけではなく、より美味しいものをという感じに、強く固執して駆り立てられるような執着で追い求める心です。仏教ではそれが迷いの根源だとされます。貪欲は梵語では「ラーガ」と言い、「愛欲《あいよく》」を意味します。もともとは染付けや色付けを意味しましたが、やがて愛着や執着を意味するようになりました。愛着と染付けを合わせると「愛染《あいぜん》」、ラーガは古代インドの神である愛染明王《みょうおう》の略語でもあります。愛染明王は人間がもっている愛欲を貪《むさぼ》る心である「愛欲貪染《あいよくとんぜん》」を、悟りの心に変える力を持ち、「煩悩《ぼんのう》あるがまま幸福の身になれる」という「煩悩即菩提《ぼんのうそくぼだい》」の象徴でもあります。現代での貪欲は、そのまま強い執着として悪い意味でも使われますが、知識を吸収するために貪欲に学ぶなど、善い意味でも使われます。煩悩を消すのは難しいけれど、貪欲も目標への原動力にすれば、「煩悩即菩提」のように、幸せに近づく術《すべ》へと変えることができるかもしれません。

耐え忍ばねばならない世界

失礼なメールだけど仕事だし堪忍してやるか…
ムカムカ
「堪忍」も仏教語ですよ
「耐え忍ばねばならない世界」として…
この世を「堪忍世界」や「堪忍《かんにん》土《ど》」と言います
この世界は苦しみや悩みに満ちてますが…
耐え忍んでいるのは衆生だけではありません…
衆生救済のためこの世に残る菩薩も耐え忍んでいるのです
この世は堪忍すべき問題だらけ…
しかし修行として耐え忍ぼう…
菩薩〜!!
ちなみに梵語で「耐え忍ぶ」意味の「サハー」から…
この世を「娑婆《しゃば》世界」とも言います
シャバの空気はうめぇなぁ
フーーッ
耐え…忍ぼう…
菩薩〜!!

堪《かん》忍《にん》

「堪忍」も仏教語です。今では、怒りを抑えて人の過ちを許すことなどに使われますが、梵語のクシャーンティの漢語で、「困難に耐え忍ぶ」という意味があります。また、同じく「耐え忍ぶ」意味で「サハー」という言葉がありますが、こちらは「娑婆《しゃば》世界」のことです。ちなみに「娑婆」は煩悩《ぼんのう》や苦しみの多いこの世のことです。仏教では現実の世界を**「耐え忍ばなくてはならない世界」**として、**「堪忍世界」**とか**「堪忍土《かんにんど》」**と言い、「娑婆世界」とも呼びます。私たちの世界は苦しみや悩みに満ちておりますが、耐え忍んでいるのは衆生だけではありません。人々を救うためにこの世に残っている菩薩も耐え忍んでいます。

　菩薩の修行を十段階に分けた菩薩の十地でも、第一は「歓喜地（堪忍地）」で、菩薩がこの階級に入ると心身一切の苦悩を耐え忍ぶことができるといいます。この世界は堪忍すべき問題に満ち溢れていて、菩薩でさえ修行として耐え忍ばなければならないのですから、私たち凡夫《ぼんぶ》が悩み苦しむのも仕方がありません。よく、罪を犯して刑務所に服役していた人が、外の自由な世界を指して「シャバ」と言いますが、より閉鎖された不自由な環境から見れば、娑婆でさえも極楽に近い場所なのでしょう。捉え方次第で、現世は娑婆にも極楽にもなるのかもしれません。

言葉では言い表せない

ひでぇ ニュースだな… 言語道断… 許せねぇ!!
イラ イラ
今では そのように 使いますが…
仏教での 「言語道断」は そのような意味 ではないのです…
言語道断は 仏教の教えや 悟りの道が…
言葉で説明 し尽くせない ほど素晴らしい という意味です
マジか
悟りの境地は 言葉を超えた ところにあります
言葉には 限界がある… 経験や体感も 必要だ…!!
ハッ…
「言」「語」「道」は それぞれ言葉を 表します
すべての言葉を 「断」つことが 言語道断です
仏教修行では 言葉による認識の 枷から離れて…
言語表現が できない境地へ 到達する必要が あるのです…!!
大丈夫 元気だよ…
ハッ
これは… 大丈夫じゃ ないな…!!
日常でも 言葉や文字が すべて正解とは 限らないもんな

言《ごん》語《ご》道《どう》断《だん》

「言語道断」という言葉は、現在では「ふとどき」や「もってのほか」など批判の意味で使われますが、仏教では、**仏教の教えや悟りの道が言葉では説明し尽くせないほど素晴らしいという意味**で、「言語道断」と言います。また、仏教の教えの真髄は本来は言葉ではとても説明しきれないもので、悟りの境地は言葉を超えたところにあります。一人ひとりの体感や経験によってでしか極められないものであり、膨大な数の経典や宗派の多さからも伺えますが、言葉で伝えてはいるけど、言葉には限界があるのでしょう。物事を理解するためには、言葉による認識を離れることが悟りへの道だとも考えられています。「言」「語」「道」はそれぞれ言葉を表し、すべての言葉を「断」つことが言語道断です。仏教修行では、言語道断により言葉による認識の枷《かせ》から離れて、言語表現ができない境地へと修行の歩みを進める必要があるのです。言葉や文字によって伝えられたことだけが、人の本心ではないということは、日常生活においても多々あります。仏教修行ではありませんが、察する力や、経験や体感で言葉を超えた理解力を身につけることは、いつの時代においても必要なのだと感じます。

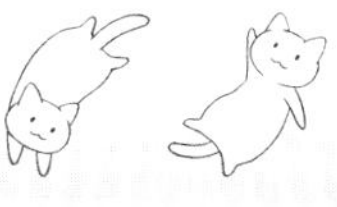

あらゆる手段で妨げる

邪魔～
邪魔いや～
シャー
シャー
フーッ
どうした…何が邪魔なんだ？
「邪魔」も仏教語です
本来はお釈迦《しゃか》様の悟りを妨げる邪悪な悪魔「波旬《はじゅん》」のことです
「魔波旬《まはじゅん》」とも言い「魔」は梵語の「マーラ」で「死」を意味します
お釈迦様が悟りを開く前に度々企て出現し妨害しました
波旬は本来は「他化自在天《たけじざいてん》」という天界第六天に住む天魔で…
他化自在天
波旬
第六天魔王
三界の欲界《よっかい》の最高位であり六道《ろくどう》の六欲天の天主…
「第六天魔王」とも言います
波旬はときには優しい言葉で堕落を誘惑し悟りへの道を妨げようと妨害したそうです
ね～
悟らなくていいよ～
そのままで素敵～
悪い奴ほど優しい顔や上手い話で擦り寄るよな

邪《じゃ》魔《ま》

今では「邪魔者扱い」や「お邪魔します」など、訪問の際に相手を妨げることや、それを詫びる意味などで使いますが、**「邪魔」**も仏教語です。本来は、**悟りを妨げる邪悪な悪魔のこと**で、お釈迦《しゃか》様が悟りを開く前に妨害しようと、度々企てては出現した「波旬《はじゅん》（パーピマン）」という悪魔のことを言います。「魔波旬《まはじゅん》」とも言います。魔は梵語のマーラで、「死」を意味します。音写する際に、マ音の表記のために漢字を新しく中国で作り「魔羅《まら》」の訳語を用いました。だから「魔」の字にはもとは意味がないそうです。波旬は本来は「他化自在天《たけじざいてん》」という天界第六天に住む天魔で、「欲界《よっかい》・色界《しきかい》・無色界《むしきかい》」からなる三界の「欲界」の最高位であり、六道《ろくどう》の天道の最下部である「六欲天」の第六天の天主で、「第六天魔王」とも呼ばれています。日本でも織田信長《おだのぶなが》が第六天魔王を名乗ったとされ、聞いたことがある方もいるのではないでしょうか？　悪魔と言えば恐ろしい姿を浮かべるかもしれませんが、お釈迦様の妨害をした邪魔は、ときには優しい言葉で堕落を誘惑し、悟りへの道を妨げようとしました。日常でも詐欺師などは優しそうにうまい話を持って近づいてくるので、いつの時代も変わらないものだと感じます。自分も誰かの邪魔者にならないよう、気をつけたいものです。

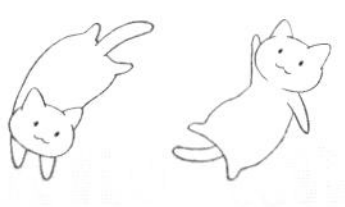

ああ…神よ懺悔します…
アーメン…
私はまたガチャに課金しました…
仏教語では「懺悔」は「さんげ」と読みます
仏前で罪を告白し反省して許しを乞うことを言います
じー
無垢な目で見ないで…
キリスト教の懺悔っぽいな
じーーっ
「懺」は今後を「悔」は過去の過ちを悔いるという一説もあり…
古くより仏教では「懺悔」という行為が重視されてきました
「懺悔会《さんげえ》」や「悔過会《けかえ》」などの法要では宗派によりお経の序文に…
「懺悔文《さんげもん》」「懺悔偈《さんげげ》」を唱えます
我昔所造諸悪業
皆由無始貪瞋痴
従身口意之所生
一切我今皆懺悔
ながっ!!
スラスラ
内容は過去の煩悩による罪の告白と反省です
前世から積み重ねたすべての罪を懺悔してます
つまり俺の課金癖は前世の業…
ハッ
現在進行形の懺悔ですよ

懺《さん》悔《げ》

「懺悔《ざんげ》」も仏教語です。仏教語では**「さんげ」**と濁らずに読みます。もともとの意味は**罪を仏前で告白し、反省して許しを乞うこと**です。「懺《さん》」は今後を改め、「悔《げ》」は過去に犯した過ちを悔いるという一説もあります。古くより仏教では「懺悔《さんげ》」という行為が重視されており、「懺悔会《さんげえ》」あるいは「悔過会《けかえ》」と呼ばれる法要が頻繁に行われてきました。いくつかの宗派では、お経の序文に「懺悔文《さんげもん》」「懺悔偈《さんげげ》」を唱えます。「我昔所造諸悪業《がしゃくしょぞうしょあくごう》　皆由無始貪瞋痴《かいゆうむしとんじんち》　従身口意之所生《じゅうしんくいししょしょう》　一切我今皆懺悔《いっさいがこんかいさんげ》」の意味は、「私が過去に行った様々な悪い行いは、すべて遠い過去から生まれ変わりを繰り返す中での、深い貪り（貪欲《とんよく》）、怒りや憎しみ（瞋恚《しんに》）、愚かさ（愚癡《ぐち》）の煩悩《ぼんのう》によるものです。その悪行は身体と口と心から生まれ続けています。私は今、それらすべての罪を告白して悔い改めます」。日常生活をどんなに誠実に生きていても、心の中には煩悩があるし、知らない間に誰かを傷つけていることもあります。だからこそ悟りを得ていない凡夫《ぼんぶ》なのですが。ときには自分の罪について考えて懺悔して、日々の行いを振り返るのもよいかもしれません。

仏像の種類と見分け方

仏像は特徴的な外見で見分けることができます。大きく分けて位の順に、「如来《にょらい》、菩薩、明王、天部」の四種類です。「如来」には「釈迦如来《しゃかにょらい》、阿弥陀如来《あみだにょらい》、薬師如来《やくしにょらい》、大日如来《だいにちにょらい》」の四種があり、穏やかな表情をしており、螺髪《らほつ》（縮れて丸まった髪）や、白毫《びゃくごう》（眉間の右巻きの白毛）や、肉髻《にくけい》（頭頂部の膨らみ）があり、着飾らず質素な布を身体に巻いています。「菩薩」には多くの種類があります。「聖観音《ひじりかんのん》、十一面観音、弥勒《みろく》菩薩、地蔵菩薩」などが有名です。腕や肩に布を巻きスカートを履いたような衣装を着ています。装飾が豪華で、中性的だったり、頭や手がたくさんついていたりします。「明王」も種類が多いです。有名なのは「不動明王《ふどうみょうおう》、愛染明王《あいぜんみょうおう》、孔雀明王」などです。如来や菩薩とは違い、荒々しく迫力のある動きや怒った表情が特徴で、武器を携えています。「天部」は数が多く、外見に大きな特徴や決まりがありません。有名なのは「帝釈天《たいしゃくてん》、阿修羅《あしゅら》、弁財天《べんざいてん》」などです。男性形や女性形、顔も人以外に動物や異形の相など様々です。日本ではこの他に聖徳太子像や祖師像《そしぞう》など、仏教に尽力した人物が仏像になっています。

六章

より深く仏教を知る

真理に気づき迷いを払拭する

仏教の悟りって結局なんなの？どうすりゃいいの？
コツとかないの？
仏教における「悟り」とは…
「物事の真理に気づき心の迷いを払拭すること」です
「諸行《しょぎょう》無常《むじょう》」「諸法《しょほう》無我《むが》」の真理を理解し
「涅槃寂静《ねはんじゃくじょう》」の境地に達するのが仏教の目標です
仏の悟りには段階が諸説あり…
宗派により違いがあったり別の呼び方をする場合もあります
在家～
凡
十信
出家～
十住
十行
十回向
退転位《たいてんい》
「十住《じゅうじゅう》」から「十回向《じゅうえこう》」は出家して仏教修行を積む人を指します
「十地《じゅうじ》」以上の段階に至るとどんな状況でも悟りが崩れず…
「仏覚《ぶっかく》」は仏の悟りでこれより上はありません
聖
不退転位《ふたいてんい》
十地
等覚
仏覚
仏の悟り!!
そう簡単に悟れるもんじゃないんだな…

悟《さと》り

「悟り」とは、「知らなかったことに気づくこと、理解すること」ですが、仏教における悟りとは、**「物事の真理に気づき、心の迷いを払拭すること」**です。「諸《しょ》行《ぎょう》無常《むじょう》、諸法無我《しょほうむが》」の真理を理解し、「涅槃寂静《ねはんじゃくじょう》」の境地に達することが仏教の目標です。ちなみに「悟り」とほぼ同じ意で語られる「涅槃寂静」という言葉は、仏教で目指すべき「悟り」の心境であるとされています。「悟り」には段階の分け方が諸説あり、宗派によっても違いがあり、別の呼び方をする場合もあります。広く知られているのは五十二の段階です。一〜十が「十信《じっしん》」で「外凡《げぼん》」と呼ばれ、在家で仏教の修行に励む人たちを指します。十一〜二十が「十住《じゅうじゅう》」、二十一〜三十が「十行《じゅうぎょう》」、三十一〜四十が「十回向《じゅうえこう》」で、「内凡《ないぼん》」あるいは「三賢《さんげん》」と呼ばれ、出家して仏教修行を積む人を指し、ここまでを「退転位《たいてんい》」と言います。「退転《たいてん》」とは、うっかりすると悟りの心境が崩れてしまうことです。四十一〜五十が「十地《じゅうじ》」、五十一が「等覚《とうかく》」、五十二が「仏覚《ぶつかく》」で、「不退転位《ふたいてんい》」と言い、仏の悟りです。これ以上、上が無いことから「無上覚」とか、妙なる悟りで「妙覚」とも言います。「十地」以上に至ると、どんな状況でも悟りが崩れることはなく、あらゆる煩悩《ぼんのう》から解き放たれ、真の悟りを得るとされています。

仏様の数だけ存在する

死んだら地獄じゃなくて極楽に行きてえなぁ…
ハァー…
どの浄土～？
え？
「極楽浄土」の正式名称を「西方極楽浄土《さいほうごくらくじょうど》」と言います
「西方極楽浄土」は阿弥陀如来《あみだにょらい》が建立した「仏国土《ぶっこくど》」とされています
無数に存在する仏様のそれぞれが自分の「仏国土」を持っています
極楽って一つじゃないの？仏国土？？？
仏国土は仏様が在住して人々を教え導く領土のようなもので…
ちなみにお釈迦《しゃか》様なら「霊山浄土《りょうぜんじょうど》」です
南無釈迦牟尼仏《なむしゃかむにぶつ》…
え…!?お釈迦様も持ってるの？
観音様も薬師如来《やくしにょらい》様も浄土を持っていますよ
極楽浄土なら南無阿弥陀仏《なむあみだぶつ》を唱える宗派になりますね
なむ～
宗派によって行く浄土が違うんだ…

極《ごく》楽《らく》浄《じょう》土《ど》

「極楽浄土」の正式名称は「西方極楽浄土《さいほうごくらくじょうど》」で、ここは阿弥陀如来《あみだにょらい》が建立した「仏国土《ぶつこくど》」とされています。実は「極楽」というのは一つだけではありません。無数に存在するさまざまな仏様のそれぞれが自分の「仏国土」を持っています。仏国土とは仏様が在住して人々を教え導く領土のようなもので、清浄な性質を備えており、「清浄国土《しょうじょうこくど》」や「浄土《じょうど》」とも言います。浄土は仏菩薩《ぶつぼさつ》が一切衆生を救うために修行をして誓願《せいがん》をたてて建てたもので、極楽世界は私たちの住む娑婆世界から西方十万億土のかなたにあるそうです。そんなわけで、極楽浄土と言えば普通は阿弥陀仏《あみだぶつ》の仏国土を指します。他にも代表的な浄土に薬師如来《やくしにょらい》の「浄瑠璃《じょうるり》浄土《じょうど》」や、お釈迦《しゃか》様の「霊山浄土《りょうぜんじょうど》」、観音様の「補陀落浄土《ふだらくじょうど》」などがあります。極楽浄土は輪廻から離れすべての煩悩《ぼんのう》から解脱した世界です。天界と極楽を混同する人もいますが、天界は六道輪廻《ろくどうりんね》の中の最高位であり、まだ迷いの世界の中です。六道輪廻を抜け出した先に待っている世界が浄土です。ちなみに、極楽浄土への生まれ変わりを願う宗派は「南無阿弥陀仏《なむあみだぶつ》」の念仏を唱え、お釈迦様の霊山浄土への生まれ変わりを願う宗派は「南無釈迦牟尼仏《なむしゃかむにぶつ》」を唱えるそうです。

この世はひとときも同じ状態をとどめない

あー…お金が減らなきゃ課金し放題なのに…
ハーー…
「諸行無常」ですよ
え？
この世の中のあらゆるものは変化・生滅して…
諸行無常
ひとときも同じ状態をとどめることはないという真理です
今もってる財産も地位も名誉も若さも人の心も…
ずっと変わらず同じままとは限りません
変化
重課金してたゲームがサービス終了した…!!
生滅
この世に永遠に移ろわないものはないのです…
変わらないでいて欲しいんだけどなー…
あああぁ
その思いが執着となり煩悩となり苦になります
諸行無常を理解することが大切ですよ

諸《しょ》行《ぎょう》無《む》常《じょう》

「諸行無常」とは、**「この世の中のあらゆるものは変化《へんげ》・生滅《しょうめつ》して、ひとときも同じ状態をとどめることはない」**という真理です。すべてのものは毎日毎時毎分毎秒毎に少しずつ変化しています。どんなに永遠だと思っているものでも、移ろわないものは在りません。今持っている財産や地位や名誉も、ずっと変わらず同じままとは限りません。人間関係も人の心も良くも悪くも変わります。いつまでも若いままでいたいと願っても年をとるし、生まれたものは必ず老いていつかは死にます。大切な物や住んでいる場所も、時の流れと共に朽ちていきます。この世界に同じ状態のままで居続けられるものは何一つないのです、そして、変わらないままでいてほしいと強く願う思いが執着《しゅうじゃく》となり、煩悩《ぼんのう》へとつながります。このような苦しみにとらわれないためにも、「諸行無常」を理解することが大事です。たとえ今が幸せだとしても、その幸せは永遠には続きません。でも、悩みや苦しみも同じようにいつかは終わりを迎えます。明日会おうと別れた人と二度と会えないかもしれません。自分も周りのすべても常に変化し続け、いつかは終わりを迎えます。日常で一日一日を今よりも大切に生きるために、「諸行無常」の教えはとても役に立つと思います。

すべてのものはつながりの中で成り立っている

ぶっちゃけさ…一人暮らしでも仕事独立しても自給自足でも
俺は自立してるし!!
10代
愚か…
人は一人で生きてはいないよな
「諸法無我」ですね
すべてのものはつながりの中で成り立ってます
虫が草を食べ
その虫を鳥が食べ
その鳥を動物が食べ
その死骸が草を育てる養分になり…
つながりがあればこそ生きることができるのです
人が住める環境そのものがなきゃ自立もなにもねーもんな
すべての繋がりを断ったら…
ぽつん…
俺以外何もない…
あらゆるものとつながって干渉しあって
絶妙なバランスの上で成り立っていますからね
自分の命や考え方や在り方さえ…
諸法無我
周りとの関係性の上に成り立っているのです
こうやって話すだけでも何かしら影響受けるもんな

諸《しょ》法《ほう》無《む》我《が》

「諸法無我」とは、一言でいうと**「すべてのものはつながりの中で成り立っている」**という考え方です。「諸行《しょぎょう》無情《むじょう》」を時間の経過という「縦のつながり」の中で常に変化していくものとするなら、「諸法無我」はすべてのものが「横のつながり」の中でお互いに干渉し合い、成り立ち存在していることです。例えば生物界には食物連鎖の構造があります。虫が草を食べその虫を鳥が食べ、その鳥を動物が食べ…いつしかその死骸が草を育てる養分になります。捕食したり寄生したり食べ物にしたりされたり、このつながりがあればこそ生きることができるし、食物連鎖が崩れれば生態系が変化し、絶滅したり爆発的に繁殖したりします。私たち人間も似たようなものです。どんなに「私は自立している！一人でも生きていける！」と考えても、働いて稼ぐお金は雇い主が払ってますし、お金を稼ぐ必要がなくて、衣食住を自給自足できる能力があっても、自然の恵みなしには生きられません。命あるものやすべての物事とつながって影響を与え合うことで、絶妙なバランスの上で生きているのです。財産や所有物だけでなく自分の命や考え方、在り方さえも周りとの関係性の上に成り立っているのです。このような考え方を仏教では「諸法無我」としています。

世の中は思い通りにならないもの

人生は苦しいことが多すぎる…
ガチャ全敗…
「苦」も仏教語です
仏教の根本的救いの対象は「苦」なのです
仏教の「苦」とは「思い通りにならないこと」です
全部で八苦〜
生 生きる苦しみ
老 老いる苦しみ
病 病む苦しみ
死 死ぬ苦しみ
愛別離苦 愛する者と別れる苦
怨憎会苦 憎いものと会う苦
求不得苦 求めても得られない苦
五陰盛苦 心身を制御できない苦
「四苦八苦」と呼ばれる八つの苦しみがあります
「苦」ばっかで嫌だなぁ…楽したい…
「楽」も壊れれば「苦」になります
人が知覚できるすべてのものは苦なのです…
苦から逃げる方法ないの？
苦から逃れるためには「四法印《しほういん》」を理解することです
「諸行無常《しょぎょうむじょう》」「諸法無我《しょほうむが》」「一切皆苦《いっさいかいく》」を知ることで…
四法印
諸行無常
諸法無我
一切皆苦
涅槃寂静
思い通りにならない!!
原因を
カッ
完全に理解した
悟り!!
START
GOAL
苦しみの原因を理解した後に「涅槃寂静《ねはんじゃくじょう》」に至るのです

苦《く》

「苦」も仏教語です。…といいますか、仏教の根本的な救いの対象は「苦」で、仏教以前にはあまり用いられなかった語でもあります。根本的には仏教の「苦」とは**「思いどおりにならないこと」**です。「苦」には、「四苦八苦」と呼ばれる八つの苦しみがあります。「生老病死《しょうろうびょうし》（生きる苦しみ・老いる苦しみ・病む苦しみ・死ぬ苦しみ）」の四苦《しく》に、「愛別離苦《あいべつりく》（愛する者と別れる苦）怨憎会苦《おんぞうえく》（憎いものと会う苦）求不得苦《ぐふとくく》（求めても得られない苦）五陰盛苦《ごおんじょうく》（心身を制御できない苦）」を加えた八苦です。「苦」とは「楽」に対する言葉ですが、「楽」も壊れれば「苦」になります。だから**「人間が知覚できるすべてのものは苦である」**とされ、これを**「一切皆苦《いっさいかいく》」**と言います。お釈迦《しゃか》様はこれらの苦しみを理解して、いかにして苦からのがれられるかを思索し、悟りに至りました。そのために知るべき仏教の根本にある四つの思想が「諸行無常《しょぎょうむじょう》・諸法無我《しょほうむが》・一切皆苦・涅槃寂静《ねはんじゃくじょう》」で、これらをまとめて「四《し》法印《ほういん》」と言います。「一切皆苦」は大事な仏教の出発地点です。苦しみの原因である「諸行無常・諸法無我」を理解し、「世の中は思い通りにならないもの」と知ることで苦しみから解放され、「涅槃寂静」に至るのです。

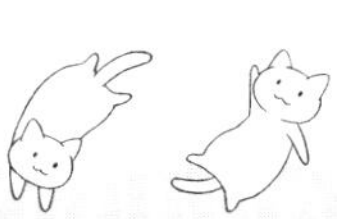

煩悩の火を吹き消す

涅槃ってニルヴァーナのことでしょ?
知ってる
フフン
グランジロックの先駆けのバンド…
「涅槃」は梵語のニルヴァーナの音写で「吹き消す」という意味です
バリ語の音写で「完全な」という意味もあります
お釈迦《しゃか》様が入滅する際…
蠟燭の火が消えるように…静かに亡くなったそうです
「涅槃」とは煩悩の火を吹き消し…
完全な悟りの境地に達することです
「涅槃寂静《ねはんじゃくじょう》」は仏教が目指す悟りの境地なのです…
ちなみに…お釈迦様の入滅を大いなる涅槃で「大般涅槃《だいはつねはん》」
あるいは「大円寂《だいえんじゃく》」と言います
知ってた?
に…にわかですみません…

涅《ね》槃《はん》

「涅槃」とは梵語の「ニルヴァーナ」の音写で、「吹き消す」という意味があります。また、パリ語の音写で「完全な」という意味もあります。お釈迦《しゃか》様が入滅《にゅうめつ》する際、蠟燭の火が消えるように静かに亡くなられたそうです。お釈迦様の入滅を大いなる涅槃で「大般《だいはつ》涅槃《ねはん》」、あるいは「大円寂《だいえんじゃく》」と言います。「涅槃」とは、**煩悩《ぼんのう》の火を吹き消し完全な悟りの境地に達すること**です。**「涅槃寂静《ねはんじゃくじょう》」**は仏教が目指す悟りの境地です。人生は思い通りにならないことだらけです。人は、私が俺がと自分を主体に考え、いつまでもこのままでと移り変わりや変化に抗い、悩み苦しんだり、執着してしまいます。でも、「諸行《しょぎょう》無常《むじょう》・諸法《しょほう》無我《むが》・一切皆苦《いっさいかいく》・涅槃寂静」の「四法印《しほういん》」の教えを理解することで、煩悩を消し去り苦しみから解放されて、安らかな心で生きることができるといいます。ちなみに「法印」とは「真理の印」で仏教の旗印《はたじるし》です。とは言っても、私もそうですが、今の時代は悟りを目指して仏道に入る道を選ぶ人は少ないと思います。でも、人生は思い通りにならないのが当然と思えば気楽ですし、自分中心に考えすぎない方がうまく回ることも多く、変化を恐れなければ色々なことに挑戦もできます。四法印の教えは、日常生活でもきっと役に立つはずです。

おわりに

この度は本書をお手に取って頂きありがとうございます。この本を手にしてくださったあなたと、作品を応援してくださった皆様に、まずはお礼を言わせてください。

仏《ほと》にゃんというキャラクターは、実は本書で描くよりずっと前に考えたキャラクターです。ただ、私が今まで書いてきた本の傾向から考えると、書籍につながるご縁はないだろうと思っておりました。そんな中で笠間書院様に出版のお話を頂き、枡野先生に監修を快諾して頂き、そのご縁に、心より感謝しております。

「おわりに」では、せっかくですので、私と仏教とのご縁を書こうと思います。

うちの実家は真言宗《しんごんしゅう》です。とはいえ、お葬式やお墓参り以外では仏教に触れる機会もなく、「我が家は真言宗なんだ」と知ったのも、中学生の頃でした。よくある話ですが、放課後、部室で怪談で盛り上がってしまい、気づけば外は真っ暗、ゾッとして帰宅するのが怖い雰囲気に…。そのとき、なぜか友達の一人が般若心経《はんにゃしんきょう》の一説を生徒手帳に挟んでおり、「これで大丈夫だね！」と、皆でそれを唱えながら帰りました。お経を唱えれば大丈夫と思ったのは、漫画の影響だと思います。家に帰ってその話を母にしたら、「うちは真言宗だからお葬式で読むのは般若心経よ」と言われました。それが宗派を知ったきっかけです。そして数年後、今度は短大の心理学の授業のテーマが「般若心経と色《しき》即《そく》是《ぜ》空《くう》」でした。ちなみに前年までは心理学のテーマは「カント」で、私の年だけ仏教だったらしいです。更にその年は湾岸戦争があり、急遽、美術研修旅行がトルコから京都・奈良に変更になりました。梵字やら仏像の意味やらを覚えて見学し、夜にはレポートを提出する仏教漬けの二週間。そして漫画でも書いた、水族館で見た「いただきます」の看板の由来が仏教語だったこと。仏様のキャラを描いたのも、こういったご縁が続いた延長なのだと思います。本文は堅い話が多かったので、最後に少しでも笑って頂けたら嬉しいです。笑顔は良い縁を繋ぐと言いますから。

逢うべくして出逢う人がいるように、この本があなたにとって逢うべくして出逢った一冊となれますように。

猫が語る言葉は人生の良き「道しるべ」

日常の生活で日頃から使っている言葉には、本書中紹介されている「我慢《がまん》」や「有《う》頂天《ちょうてん》」「微妙《びみょう》」のように、仏教に由来するものがたくさんある。恐らく多くの人たちは、仏教由来の言葉とは知らずに使っている場合が多いであろう。またその言葉が、時代と共に本来の意味から変化して、もとの仏教語としての意味から、大きく変化しているものも珍しくない。

本書は、Ｊａｍさんが「仏《ほと》にゃん」という猫のキャラクターを用いて、仏教語を解りやすく、しかも、親しみが持てるように漫画を用いて解説をしてくれている。これは大変素晴らしい事である。何よりも仏教に対する敷居も低くすることができたのではないかと思っている。そのような意味からすれば、本書は若い世代にも手に取ってもらえるものだろう。私のような僧侶としては、本当に有難いことである。

今回の企画では、私自身改めて勉強するきっかけとなり、知識を豊かにすることができた。読者も本来の言葉の意味を知ると、その度に「なるほど」と頷いてもらえるものと思う。更に一歩進めて、猫が語る言葉は、自分自身の価値観や生き方を改め、自らの人生を築き直す良い機会となろう。言葉を変えていえば、人生の良き「道しるべ」を得たようなものである。

今の社会では、情報と共に多くの言葉があふれている。言葉そのものが軽くなり、同時に、言葉の持つ本来の意味合いが薄れてきていると感じ残念に思っていた。このような中にあって、今一度、言葉の原点に触れ、しかもそれが仏教への正しい理解につながることになれば、大いに頼もしい事である。この本で紹介された言葉が、読者の日々の生活に生かされることを大いに期待して止まない。

合　掌

令和五年十月吉日

建功寺方丈にて　枡野俊明

Jam（ジャム）

漫画家・イラストレーター・ゲームグラフィックデザイナー。人間関係の悩みを描いたマンガ「パフェねこシリーズ」がTwitterで累計50万以上リツイートされ話題となる。著書にベストセラー『多分そいつ、今ごろパフェとか食ってるよ。』（サンクチュアリ出版）ほか、『にゃんしゃりで心のお片づけ。』（PHP研究所）、『マンガ版 ちょっとだけ・こっそり・素早く「言い返す」技術』（マンガ担当／三笠書房）ほかシリーズ3作品、『言いにくいことはっきり言うにゃん』（笠間書院）、『まねきねこのうた』（秋田書店）、『続　多分そいつ、今ごろパフェとか食ってるよ。』（サンクチュアリ出版）、『まんがでわかる　感情の整理ができる人は、うまくいく』（マンガ担当／ PHP研究所）ほかシリーズ2作品、『言いにくいことはっきり言うにゃん 仕事の悩み解決編』（笠間書院）、『いつも心に猫ちゃんを 人生のモヤモヤがすっきり晴れる62の習慣』（PHP研究所）、『がんばらにゃい生きかた』（笠間書院）がある。

枡野俊明（ますの・しゅんみょう）

1953年神奈川県生まれ。曹洞宗徳雄山建功寺住職、庭園デザイナー、多摩美術大学名誉教授。大学卒業後、大本山總持寺で修行。禅の思想と日本の伝統文化に根ざした「禅の庭」の創作活動を行い、国内外から高い評価を得る。芸術選奨文部大臣新人賞を庭園デザイナーとして初受賞。ドイツ連邦共和国功労勲章功労十字小綬章を受章。2006年の『ニューズウィーク』日本版で「世界が尊敬する日本人100人」に選出される。近年は講演活動や執筆も積極的に行い、ベストセラー・ロングセラー多数。

仏《ほと》にゃんの
ふわもこやさしい仏教の教え

2023年12月5日　初版第1刷発行

イラスト・文　Jam
監修　枡野俊明
発行者　池田圭子
発行所　笠間書院

装幀・デザイン　井上篤（100mm design）
本文組版　キャップス
印刷／製本　大日本印刷

〒101-0064
東京都千代田区神田猿楽町2-2-3
電話03-3295-1331
FAX03-3294-0996

ISBN 978-4-305-70997-4